周蓓 主編

專題史叢書

陳其鹿 著

河南人民出版社

農業經濟史

本書敘述歷代農業經濟的盈虛消長，從中國的神農氏到古羅馬、中古直至當今，上下數千年，縱橫幾萬裏，是爲發展自耕農經濟，實現『耕者有其田』的理想。

圖書在版編目(CIP)數據

農業經濟史 / 陳其鹿著. —鄭州 : 河南人民出版社, 2018. 6
(專題史叢書 / 周蓓主編)
ISBN 978 - 7 - 215 - 11489 - 0

Ⅰ. ①農… Ⅱ. ①陳… Ⅲ. ①農業經濟史 - 世界 Ⅳ. ①F319

中國版本圖書館 CIP 數據核字(2018)第 069350 號

河南人民出版社出版發行
(地址：鄭州市經五路 66 號　郵政編碼：450002　電話：65788036)
新華書店經銷　　北京虎彩文化傳播有限公司印刷
開本　710 毫米×1000 毫米　1/16　印張　13.25
字數　168 千字
2018 年 6 月第 1 版　　2018 年 6 月第 1 次印刷

定價：110.00 圓

出版前言

中國現代學術體系是在晚清西學東漸的大潮中逐步形成的。至民國初建，中央政治權威進一步分散和削弱，加之新文化運動帶給國人思想上的空前解放，新學的啓蒙，新知識分子的産生，民國學術如草長鶯飛，進入一個自由而蓬勃的時代。中國傳統學科乃中國學術之根基與菁華所在，民國學人采用『取今復古，别立新宗』之方法，引入西方的學術觀念，積極改造，使史學、文學等學科向現代學術方向轉型。此外，大力推介西方社會科學的新學科和自然科學，在學習、借鑒乃至移植西方現代學術話語和研究範式的過程中，逐漸建立中國現代學科，使中國的學科門類迅速擴展。一時間，新舊更迭，中西交流，百花齊放，萬壑争流，開創了中國現代學術的源頭。

伴隨知識轉型和研究範式轉換而來的，還有學術著作撰寫方式的創新。中國古代的著作向來以單篇流傳，經後人整理匯編後，方以成册成集的面目出現并持續傳播。直到十九世紀末，東西方的歷史編撰體裁不外乎多卷本的編年體、紀傳體和紀事本末體等，章節體的出現標志着近代西方學術規範的産生和新史學的興起。章節體具有依時間順序，按章節編排；因事立題，分篇綜論；既分門别類，又綜合通貫的特點。以章、節搭建起論述之框架，結構分明，邏輯清晰，較傳統的撰寫體裁容量大、系統性强。它的傳入，使中國現代學術體系從内容到形式被納入了全球化的軌道。民國時期專題史的研究、譯介、編纂、出版恰恰是在這樣的背景下欣欣而發，是學術的實驗場，也是歷史的記録儀。編選『專題史』叢書的初衷正是爲了從一個側面展示中國學術從傳統向現代過渡的歷史進程。

專題史是對一個學科歷史的總結，是學科入門的必備和學科研究的基礎，也是對一個時代艱深新鋭問題的解答，是學術研究的高點。民國專題史著作中，既包含通論某一學科全部或一時代（區域、國别）的變化過程的，又囊括對一時代或一問題作特殊研究的，還有少部分是對某一專題的史料進行收集的。原創與翻譯并重，翻譯的底本大多選擇該學科的代表著作或歐美大學普及教本，兼顧權威性和流行性，其中日本學者的論著占據了相當比重。日本與中國同屬東亞儒家文化圈，他們在接納西方學術思想和研究模式時，已作了某種消化與調適，從思維轉換的角度看，更便于中國借鑒和利用，他們的著作因而被時人廣泛引進。

與當代學術研究日趨專業化、專門化、專家化的『窄化』道路迥乎不同的是，中國傳統學術崇尚『學問主通不主專，貴通人不尚專家』的通識型治學門徑，處于過渡轉型期的民國學術在不同程度上保留了這種特徵。民國學術大師諸學科貫通一脉、上千年縱橫捭闔之功力自不待冗言，外交家著倫理政治史、文學家著哲學史、化學家著戰争史等亦不乏其人，民國專題史研究呈現出開放、融通、跨界撰述的特點。與此同時必須看到，自晚清以來，中國的命運就在外侮屢犯、内亂頻仍的窘境中跌宕彷徨，民族存亡仿若命懸一綫。這股以創建學科、總結經驗、解決問題爲指歸的專題史出版風潮背後，包裹着民國學人企望以西學爲工具拯民族于衰微的探索精神，及以學術救亡的愛國之心。梁任公曾言：『史學者，學問之最博大而最切要者也，國民之明鏡也，愛國心之源泉也。』這種位卑未敢忘憂國的歷史使命感和國民意識是今人無法漠視和遺忘的。

『專題史』叢書收録的範圍包括現代各個學科，不僅限于人文社會科學，學科分類以《民國總書目》的分科爲標準，計有哲學、宗教、社會、政治、法律、軍事、經濟、文化、教育、語言文字、中國文學、外國文學、中國歷史、西方史、自然科學、醫學、工業、交通共19個學科門類。本叢書分輯整理出版，内不分科，單本發行，方便讀者按需索驥。既可作爲大專院校圖書館、學術研究機構館藏之必備資源，也可滿足個人研讀或興趣之收藏。

與目前市場已有的一些專題史叢書相比，這次『專題史』叢書具有規模大、學科全、選本精、原版影印的特點。本叢書選目首重作者的首創、權威和著作影響力，尤其注重選本的稀見性。所謂稀見，即新中國成立後没有再版，且多數圖書館没有收藏，或即便有收藏，也是歸于非公開的珍本之列予以保存，普通讀者難以借閲。部分圖書雖有電子版，但作爲學術研究的經典原著讀本，紙質版本更利于記憶和研究之用。本叢書精揀版本最早、品相最佳的原版圖書作爲底本，因而還具有很高的版本收藏價值。

『專題史』的著作是民國學者對于那個時代諸問題之探究，往往有獨到之處，無論其資料、觀點短長得失如何，要之在中國現代學術史的構建與發展進程中，自有其開宗立論之地位。

自序

世界經濟革命之趨向，不出乎兩途：其一爲資本主義之革命，使農工業日益發達，工資
日益增高，勞働者逐漸改善其地位，均進於擁有資產之階級；勞働與資本家之界限，日漸泯
除，此美國近數十年來經濟革命之歷程，而有多少之成功者。其一爲共產主義之革命，先摧
殘國內資產階級，使益降爲無產階級，然後由國家操生產之工具，僱人民以作工；勞動與資
本家之界限，亦日漸泯除，此俄國近十年來經濟革命之歷程，而遭非常之失敗者。夫使貧者
富，其勢也順，深合乎羣衆之心理；故北美大邦，物阜民康，熙熙皥皥，如登春臺。使富者貧，其勢
也逆，深背乎吾人之天性；故列寧柔政，農民怨咨，五穀登場，祇圖自給，適遇凶年，餓殍載道，農
工軋轢，至今未已，官吏百萬（見蘇俄政府一九二九年所發表之統計，有官吏一百三十萬
人），惟利是分，哀此黎民，如墮深淵。是以資本制度資產階級，祇可因勢利導，而不宜橫加摧
殘。在昔孟軻有言：「有恆產者有恆心，無恆產者無恆心。苟無恆心，放僻邪侈，無不爲已；及陷

乎罪，然後從而刑之，是罔民也。焉有仁人在位，罔民而可爲也！」以我國土地之廣，士民之衆，煤鐵之富甲於天下，農工立國要素已具，而公私交困，土匪遍野，飢饉流行，爲世界最貧之國者，何哉？則不知提倡私人企業，諱言資產之一念誤之也。法國經濟史名家賽亨利（Henri Sée）之言曰：「資本制度萌芽已久，其生長也已歷若干世紀，然其發育則緩而且艱，即在二十世紀，其充分之發展，間距猶遠。」蓋今世紀商業資本主義，工業資本主義與金融資本主義，猶未臻完全發達之期；而農業資本主義（即廣用資本之科學精耕法）方萌芽於美國。予嘗歎國內之自鳴高遠者流，對於國內農工業之憔悴，民生之痛苦，失業之衆多，國際貿易之逆勢，國外農工商發展之趨勢，皆熟視無覩，日惟高談馬克思浦魯東之學說，以自欺欺人，而貽誤青年，乃奮然秉筆先成「資本主義發展史」一書，以示工商金融發展之趨勢。今復草此書，以示農業受資本制度支配之趨勢，並說明歷代農業經濟之盈虛消長。上下數千年，縱橫億萬里，起自神農，亘羅馬中古，逮於今茲；凡中、英、德、法、丹、美、俄、日諸國之歷史，靡不原始要終，述其要恉。讀吾書者，覩羅馬地主之豫逸，則知羅馬帝國滅亡之因素；中古食邑制之缺之自由平等之精神，則知其崩潰之所由。覩法、德、丹、美之多自耕農，與其農業健全之狀態，則知　總理「耕者要有其田」之遺訓，爲不可磨滅之眞理。鑒俄國種種地制改革之失敗，則知公有土地之不可爲訓。察美國農場面積之廣，與農業生產效率之強，則知科學方法與機器之宜推廣，與工商之宜發達，以免鄉村有地少人多之患。語曰：「前事之不忘，後事之師也。」苟能上下一致，幡然改圖，師法歐、美，從事生產運動，使可耕之地無不耕，可林之山無不林，水利交通，脈絡相貫，則行見自贍之餘，更可外競，美不能望我項背，歐洲且仰吾鼻息，此吾國之農業，實有無窮希望者也。夫膏腴之地，多於歐洲各國所共有；力田之人，溢於北美合衆之全民；席豐履厚，並世無二；得天者既獨厚，則成敗利鈍，全視人爲。死生之鍵，榮辱之樞，操之則存，舍之則亡，蚩蚩吾民，莘莘學子，可以興矣！

吳縣陳其鹿

民國十八年七月二十日序於首都之戶部街

農業經濟史目録

附錄

農業經濟史

第一章　經濟發達之各時期

研究經濟史之學者，往往以爲經濟發達之最初時期爲漁獵時期，其次爲遊牧時期，更繼之以農業時期。但最新之學說否認此說；以爲漁獵經濟僅限於農業不適宜而水族鳥獸蕃多的地方。在水族鳥獸缺乏的地方，此種野蠻人，或全恃採摘菓實草根爲生。經濟史家之假定經濟發達之第二時期爲遊牧時期，即假定人類馴養牲畜，恃其乳肉以爲食，恃其毛革以爲衣帳。但在特種情形之下，野蠻民族，在漁獵之後，逕繼以耕稼者，亦往往有之。而恃菓菜爲生之部落，演進至農業時期時，亦有從不經過遊牧時期者。在少數場合，如古代腓尼希人(Phœnicians)即直接自捕漁時期而至商業時期；北美洲之紅印度人，在白人未到之前，並不畜養禽獸，惟有火雞與犬。火雞旣並不重要，犬亦爲打獵之用，故仍近於打獵，而不近於遊牧。卽白人到美洲之後，紅印度人雖畜馬，然馬亦爲戰爭與打獵之用；故仍爲狩獵經濟。至於農業，則除北部不相宜之土地外，紅印度人均從事於此。有幾個部落，耕種之術，發達到極高地步。故北美之紅印度人，直接從漁獵時期至農業時期，而並不經過遊牧時期。但另有一說，則謂紅印度人自始卽爲農業民族，因爲禽獸之多，如野牛之屬之增加，故兼從事於打獵。

各種民族，其經濟時期，雖微有不同。然多數均經歷以下四種時期：卽（一）採集經濟時期，（二）耕牧經濟時期，（三）鄉村經濟時期，（四）都會經濟時期。試依次說明之：

（一）採集經濟（collectional economy）時期　太古之初，人民並不恃農爲生，不過捕魚獵獸，採取野菓苦蘚，及土中菌蔨以爲食。凡天然所生之物，原始人順便取之以資用，故稱爲採集經濟時期。在此時期，生活甚簡，人民不識不知，順天之則，與鹿豕爲友；無思慮及於將來，無回想及於旣往。此種採集之遺風，至基督之時，尙可想見。如食蝗人（locust eaters）卽以蝗蝻和鹽，製成餅塊而食之。此類事實，歐美亞所在均有。

（二）耕牧經濟（cultural nomadic economy）時期　原始人牧畜與栽培植物之時，乃別開一新局面。至此而人類不僅以天然之餽遺為已足，並改良之，以防止不可靠之生活。此種耕牧之民，為近代農業之祖。

凡經濟與社會之進步，皆可以征服自然之步驟說明之。在採集經濟時期，人類漸用火以改良天然餽予之物，煮食以求可口。亦稍稍儲藏食物，以防不時之虞。作為刀鎗，以供獵獸之用。在耕牧時期，則更加以耕牧之事，驅獸以就牧場，為之保護，使野獸不得攫取，強鄰不得攘奪。又掃除荊棘，驅除害蟲，以植嘉禾與菜蔬。在採集經濟時期，人民之蹤跡，飄忽無定。在耕牧經濟時期，蹤跡稍稍安定，然有時仍須遷移，以覓飼畜之牧場，或培植之土地。在耕牧時期，人民往往繼續其漁獵之生活，并採擷野蠻果與本草。

亞洲與歐洲民族之祖先，在未從事稼穡之時，大抵先經過一個遊牧時期。在西曆紀元前二千七百餘年，黃河流域本為苗族，自伏羲戰勝苗族，漢族始遊牧東來。至神農時，勢力東及海濱，因天之時，相地之宜，制耒耜，教藝穀，而民始知粒食。是為自遊牧時期而至農業時期之明徵。猶太人之古代，亦是遊牧，其祖宗阿伯拉罕(Abraham)遷至拍立司坦(Palestine)地方的時候，自己卽是一個牧人。住於營帳，居止無定，率羣畜而尋牧場，後來居留於埃及，始爲耕地之人。其他歐洲民族，在有史以前，大抵恃遊牧爲生。若古希臘意大利與日耳曼，其初亦爲遊牧民族，以牛車載婦孺與財產，驅羣畜而遊行。愛爾蘭嚮爲遊牧之國，直至七世紀，始發生農業。

家禽家畜之馴養，爲保留玩物而起。有時捕得鳥獸，野蠻人與彼玩耍而有興味。譬如食物綽綽乎有餘，則彼寧願留爲永久玩物，不願殺之以快一時口腹之慾。玩物相聚，久而蕃殖成羣，始知有家禽家畜之利。蓋有家禽家畜，則在狩獵無獲之時，卽可取用。而禽獸之中，雖屬同類，亦有野性難馴者，有和易親人者。野性之禽獸，往往逃逸至山林。故獵物稀少之時，往往先將一羣中野性難馴之獸，先行殺戮。用此選擇之法，久而久之，淘汰野性之禽獸，保存馴善之禽獸；而家禽家畜與野禽野畜，遂有分別。但此馴養禽獸之事，均爲有史以前之事。自有記載歷史以後，所馴養之禽獸，蓋絕無僅有也。在馴養禽獸之時，禽獸之性質固變，而主人之性質亦有變化。蓋凡部落之中，首先飼養家畜家禽之人民，較之不知此者為優越而繁盛。因之有許多地方，其人民愚蠢者，皆為此類人所驅逐而佔據其地，不特飼牧之事，於主人之性質有關係也，即於法律，政制，宗教，道德，俱有影響。蓋財產之新觀念，亦自此時始發生。自人類以獸羣為資產活命之源，於是資本之觀念以生。所謂資本之觀念者，即維護一定基本財產，用以為生利之源。而維護資本須有克己及先見之能力，否則在飢餓之時，即將資本剝削，而收入將因之中斷矣。譬如有一人或一羣人，養成一羣家畜，則必不願與他人或他羣和平的共同享用之。在漁獵經濟時期，私人財產或私人資本為極少。自漁獵而至遊牧經濟時期，私人資本遂極發達；貧富之標準，以牲畜之多少為定，凡有大宗之財富與打仗打獵之能力者，均為出類拔萃之基礎。

遊牧經濟與家族制度有關係，蓋資本能生利之觀念既發生，同時更發生一新觀念，即勞働之價值。凡擁有蕃殖之牲畜者，常力求獲得婦人與孩子，以助其工作。就婦人言，寧願跟一牧主，而不願跟一獵夫。因為牧主能供給她一個確定的衣食住，而獵人，最多不過能供給一個不確定的生活。因此發生所謂家長的家族（patriarchal family），替代不確定而疏散的漁獵時期的家族。在此家長家族制度之下，牧主是一家之主，有多妻與多子：妻爲其奴隸，大抵自購買得來；其子女亦如奴隸，（除非將其售於別個牧主，）故爲大家族制。有子女孫曾，均與牧羣有聯帶關係。牧主爲最有權力之惟一尊長。家長之家族，蕃殖之後，即成部落。最重要之事實，即家長社會基於血屬，而不基於地域，或住所。蓋無論何人，雖與該部落爲鄰居，苟非同一血屬，決不能爲該部落之一人。

在遊牧經濟時代，私有資本雖爲重要，但以土地爲財產之觀念，則方在發軔之初。夫以某人爲較有優越之權利，可以在某地飼畜，此種觀念，初視之似甚悖謬；但有時如牧主互相約定，各有牧畜之地，不相侵犯，亦非不可能。照創世紀（舊約第一卷）書（the book of Genesis）第十三章亞伯拉罕（Abraham）與洛脫（Lot）二人，允諾各人分離，在各人之境內牧畜。蓋因土地少而牧羣多，遂不得分畛域以免紛爭，此爲以土地爲財產之觀念之始。蓋當時有「我的」與「你的」（mine and thine）之觀念，即有財產之觀念矣。但此種觀念，非純粹之私人私有財產，而爲一部落或一羣所有之財產。有數種民族，專從事於牧畜；但其趨勢，則往往兼爲耕作，以補助他種食物之不足，利用奴隸婦女以生產穀類豆類菜蔬菸蔗之屬。在耕牧時期，其食物之種類雖不多，然有確實可靠之源。動植物之產品，可以供給衣食而不匱，時或尙有盈餘，則出售之。如奴隸，羊毛，皮革，及其他手製之物，皆爲交易貨品。遊牧者有時出賣人口；而耕牧者，則買入婦人與奴隸，使任耕作之勞。

(三)鄉村經濟(settled village economy)時期　耕牧者終乃定着於一地；一個大氏族(clan)占有數村；一個小氏族，則祇占一村。固定之鄉村，非僅有許多房屋；并有許多血脈同宗之人，經濟上互相合作，互有社交往來；又有許多土地，案其土質之肥瘠，與距離房屋之遠近，而分配作種種用處。有刈草地，有耕地，有共同牧場，有荒地。

在紀元前數千年，埃及，巴比倫，及中國之人民，最早定着於一處，而有鄉村生活。希臘大概在紀元前一千年左右，而有鄉村生活。遊牧人民之定着於一處，不盡出於自願，或因其所牧之畜牲病害死亡，而造成固定鄉村生活。凡牧羣之喪失牛羊者，除竊盜他羣之牛羊，與從事於農業之生活外，實無他法。又有因栽植之作物，無人注意，收穫不佳，故爲固定的鄉村生活。普通言之，凡一塊地方，用爲牧場，可以養活一百人者；用尋常耕種之法，可以養活三四倍人。

鄉村之房屋，有時集中於村之中心，或近於中心之地。如此位置，於防禦及牧畜，均甚便利。而公共事業，亦因鄉村房屋之集中，而易於合作。例如埃及之鄉村中心，村民築堤以防尼羅河之汎濫是也。在不需防禦而農事爲重要之鄉村，則其房屋往往分散，有時沿一村路。若在山谷之間，可用之地甚少，則竟或毫無鄉村，但有分散之房屋，如瑞典哪噸之有數處是也。

鄉村經濟之最初期，村民皆自由，無貴族，僧正，寺院，廟宇等，占有一村，爲其私產也。政治上雖亦有領袖，村民對之，均須效忠納稅；但在此時，無封建之貴族，占有土地，徵收地租，而強求徭役也。但至第二期，貴族發生，村上土地，幾皆有地主。歐洲之鄉村，皆變成貴族之食邑(manor)，而新社會之組織發生。村民之地位降低，因此力謀解放，而造成叛亂與革命之原因。

在鄉村經濟之最初期，即自由村之時期，普通之村民，皆自由民。村民中亦有擁地較廣，牧畜較多，較善作戰，且其子孫與戰士較多者。此種村民，亦儼然如貴族，但與貧苦之自由村民，同一階級。在自由民之下者爲奴隸。所謂自由村者，不過脫離貴族之羈軛，仍有奴隸與自由民之階級之分也。在耕牧時期，奴隸已發生，不過到鄉村經濟時期，而奴隸愈爲有用。因自由民雖定着於一地，然不喜長日之耕作，輒以奴隸代任其勞。有些奴隸，係戰爭時捕獲而得；有些奴隸，從博賭贏得；有些奴隸從牧主購得；有些是奴隸之子孫。奴隸之中，亦有附着於主人之一家者，亦有任其耕作，半爲奴隸自身計，半爲其主人計。奴隸有時亦可掙得自由。自由民爲模型的公民，使鄉村生活生色；彼等制定法律，并且出任戰爭之事。牧畜與耕植之事，在鄉村經濟之最初期，猶有耕牧時期之遺風，分別發展；但後來牧畜與耕植之事，逐漸爲不可分的經濟活動。男人從事於牧畜與戰爭，婦人則從事於長日繼續之耕作。在耕耘及收穫之時，雖男人亦扶助女子，然平日則解有扶助女子耕作者。故耕作完全爲婦人之事，惟有時奴隸亦任之；而自由之男人，有時失去其牲畜之時，亦祇可從事耕作。

鄉村經濟時期之耕作制度，究竟如何，歷史語焉不詳，吾人僅可得其大概之情形。當時鄉村間可以耕作之地，大率案各家屬而分配。每家所有之地，不過如一花園，面積不大；或用鋤，或用鏟，但不用肥料。其農作品則因土壤與氣候之不同而異，有大麥，黑麥，小麥，稷荳類，豌豆，及根作物(root crops)（例如熱地所產薯類(manioc)及甜薯）。當時土地甚廣，故不必保養其肥質，如鄉村地方之一部，野草蔓生，則任令其荒廢，留作牧場之用，將另外一部，用作耕植。故鄉村經濟之初期，較之耕牧時期，並無進步，不過耕作繼續較久耳。有許多人民，皆可用以說明鄉村經濟第一期之狀況：例如基督時高爾(Gaul)地方之凱爾人(Kelts)，（乃不列顛人(Britons)威爾斯人(Welsh)及愛爾蘭人之祖宗），可資明證。婦人原爲農事之勞工，其後凱爾人之男子，因羅馬人強其守和平，故無從軍之義務，遂乃代女子而從事於耕作。在一一九○年，其後裔威爾斯人，雖然種植燕麥，然大部分仍賴動物產品，如牛乳，乳餅，牛油及肉類。男人常從事爭鬬，故農間工作之大部，由婦人任之。條頓人與盎格洛撒克遜人(Anglo-Saxons)，均可顯明鄉村經濟第一期之狀況。

鄉村經濟之初期，衛生狀況，當然不佳：遊牧人民，飄忽無定，故其所遺棄之汚物，不致堆積甚多；而鄉村居民則因定着於一處，即不能免汚物之堆積。但村民不知不覺之中，學得衛生生活之習慣，故鄉村之人口可以逐漸增加。其他如治安狀況，則在鄉村經濟之時，有因土地並不肥沃，無人覬覦，而獲得平安者；有因受人征服，自由權被奪，而反得享平安者。蓋鄉村之征服者，保護鄉村，使不受外來之侵略，此爲鄉村經濟最初期終了之特徵；從自由村而變爲不自由村或食邑村也。

衛生狀況之改善，與治安之進步，使鄉村之人口增加，從事於耕稼者愈多。而男人旣少出征之事，則田間之事，當然不能由女子獨任其勞。男子除牧畜之外，兼任田間工作，而畜牧與耕植，漸發生密切關係。家畜則用以耕田或踐踏土地，使種子入土，或耙平土地。經過長久期間，農人始知將耕地變成牧地，或草地，而行換耕之法焉。

凡有財富者，有時不得不護衛之。在採集經濟時期，漁獵者有時須戰爭以護其所得之物；在耕牧時期，耕牧者有時須戰爭以護其耕地及牧場；在鄉村時期，村民有時須戰爭以保護其家畜及房地。凡喪失其所有者，必須重新經營其生活。而鄉村之居民，則非如漁人獵人及遊牧者，一經遷移，損失甚鉅。但鄉村防衛甚難，鄉村一旦受人征服之後，得勝者變爲主人。主人一切取用於征服之村民，同時又保護征服之村民；而地主式之貴族制度乃產生，鄉村經濟之第一期遂告終止；食邑或不自由之鄉村，代之而興。村民乃不能如以前之行動自由，凡有爭執之事，亦須經貴族之審判。

固定之鄉村經濟，於生產大有增加，於農業亦有影響，而於貨物之儲藏，亦大有關係。凡遊牧人民所有之財富以便於攜帶者爲限；彼等將肉烘乾以保藏之，但穀類則因其行蹤不定，而不易搬動。在鄉村經濟之中，五穀及菜蔬之類，均易保存。因村民居處有定，并且可以建築積穀倉等高大乾燥，可以藏儲至數年之久而不朽。肉類則可以鹽醃。村民定着於一處之時，因牧場有限，冬間飼畜之芻草亦有限；除留出少數家畜外，不得不屠戮許多家畜，善爲醃製，以爲未來之需。

固定之鄉村，其生產事業之種類甚多。如漁獵及採擷之事，一年之中，每當時令爲之。除畜牧耕植之外，兼作工事；如女子嫻於織布成衣，男子嫻於硝皮製鞋及造作盾革五金之器。此外更有泥水圬者及水匠陶工等等不一而足。就貿易論，則村之中心，或村之邊境，漸有市場。古時之生產者，互以貨物交易，並不經居間人。在我國古時所謂日中爲市，以粟帛互相交易，與西國之古時亦同。

在固定的鄉村經濟之中，我人須注意者，即個人爲一羣所掩，個性無自發展，個人主義無自發達；耕作之事，須照一羣所決定之方法而爲之。鄉村地域有限，村民囿於一隅。在採集及耕牧時期，其地域較廣，流動之機會較多，故個人有時可以暫時離羣。及至鄉村經濟時期，則村民享不到個人主義之自由，彼以一村之理想及行動爲準則，以一村之工作爲工作，以一村之息遊爲息遊。在如此之村落，合作之農業自易進行。凡現代英法美農人所有之個人主義，此時尚付缺如。

(四)都市經濟 (town economy)時期　鄉村經濟時期之生產，以合作爲其特徵。而在都市經濟及都市文化之事業中，個人主義逐漸發達。鄉村大概無壁壘以爲之防禦，都市則常有切實之防禦。鄉村之主要事業爲農業，都市之主要事業爲商業。在鄉村間之貿易，由農人與農人爲之；在都市則有專以貿易爲業之商人出現。商店設立之後，而都市乃發生。鄉村有市場，都市亦有市場；惟都市有市場之外，更有商店，而除在祝祭之節外，並非一星期祇有一天，乃每天均有貿易。

都市既爲貿易而存在，故常位置於水陸交通便利之所在。鄉村經濟時期，土地之肥沃，甚關重要；地位之便利，猶在其次。假如城市之位置極好，則能逐漸發達而臻繁榮之境。都市如在河流之旁；例如巴塞爾（Basel）之在航路之首，倫敦之有極好登陸地，哥勃倫（Coblenz）之在兩河之匯集點，皆可成富庶之都會。都市如在海岸之旁，便於泊舟，尤其是在長江大河之口，可以直通至內地者，有無窮之利益。此等都市，在古今中外，有極發達者；如加塞基（Carthage）與羅馬，里斯旁（Lisbon）與鄧齊克（Danzig），上海與紐約是也。都市無論大小，其四週均受其影響。四週離都市直徑一二十哩之地，必有數十鄉村包圍之。都市與其四週鄉村，有互相依賴之關係。鄉村將五穀，家畜，及皮酒，乳油，粗布，木器等，售於都市，都市則將他鄉村或遠近都市之物，售於鄉村。歷時稍久，並將都市間自己製造之較精美的工藝品，爲鄉村間所不多覯者，售之於鄉村。故都市經濟，爲生產人與消費人之組織，而恃都市以供給其需要者也。

鄉村間商人階級之發生，爲都市之起源。換言之，都市之狀態成熟，鄉村經濟即變成都市經濟。但歷史並不如此簡單直捷，城市有時退化而成鄉村。都市之盛衰隆替，往往占人類數千年之歷史；都市之勃興也，歷史上記載其文明之日昇；都市之衰落也，歷史上記載其社會之凌微。所以往古之初，其文明史重重叠叠，在都市經濟之間，亦有參以無可稽考之鄉村經濟者。

自由之鄉村，可以變成都市；食邑之不自由鄉村，亦可以變成都市。凡都市之愈古者，大概爲自由鄉村所遞嬗而成。自由爲都市繁盛之必要條件；但都市前身之鄉村，或爲自由，或爲不自由，則無關緊要。既爲都市，則卽使在從前爲不自由之鄉村，其地主無論爲僧正或方丈，君主或伯爵，現在亦必將自由權特許於人民。地主之所以出此者，因此舉對於彼有金錢上之利益；既因特許而可以得到代價，復因每年可以得到較大之年費，更因新經濟事業發生之後，可以得到普遍之繁榮。

最初之都市爲商業的；而後來的都市，則爲商業而兼工業的。但以前鄉村時代之農業，則雖在變成都市之後，仍繼續維持其一部分。在都市之外，有都市之牧場與耕地。都市間之居民，自己供給其一部分之食料與原料，有數家自置牛棚，穀倉，及榨酒器。都市全體，有其牧人。在中古末期之都市，有法律禁止猪羣之倘佯於街衢。都市居民之農地及魚池，與飼養之牛猪家禽，均供給市民一部分之食料。但許多物產之供給，都市仍仰給於鄉村。畢竟在都市經濟之下，都市與鄉村，如輔車相依，缺一不可。假如無鄉村，卽亦無都市；假如城市衰落，則城市經濟復將變成鄉村經濟。在都市經濟之初期，都市以遠地之原料或他處之製造品，供給鄉村；而鄉村則供給羊毛，皮革，木材，木炭，紗線，松節油，木器，五穀，酒，橄欖油，乳餅，乳油，皮酒之類。在都市經濟之第二期，都市仍繼續向鄉村購買物件，惟更將都市之製造品售之於鄉村。

在現代之製造業，雖集中於都市，而在都市經濟之初期，則都市爲商業之中心，鄉村爲工業之所在。都市經濟之第二期，都市之精巧工業，漸臻發達；於是比較精緻之製造品，鄉村須仰給於都市。此亦自然之理，因市民專精一藝，而村民則否；如布工與鞋匠，其工匠除專攻一業外，不旁騖及於別事；其工藝行會規定工作之標準，而嚴厲執行之，因此可以提高一業之精巧程度。市民非但向鄉村購買粗製品，幷雇用鄉民，使案照其所規定之標準，從事製造；故品質較村間製造者爲良，其出品之尺寸與重量，亦較合顧客之用。此於經濟上及社會上，或至有利益；對於貧苦無地之農人，可以裕其生計，使鄉村可以養較多之人口，幷享較優之幸福。即在二十世紀之中，此種工業之發達，亦至爲有益者也。

都市爲文明之花。在都市之中，有美術家與哲學家，辯士與文士，教師與科學家；其宗教比較合於理性；在美術上與業務上，思想上與行動上，均能表現個人主義之旨趣，同時又能如鄉村居民之適合流俗。都市之公衆衛生，雖極爲講究；但可怕之疾病，仍隨在均有。都市之慈善機關，雖較有組織；然貧苦之人數亦較衆。總之都市之物質文明與文化，係進步不息；其後發達之極，卽形成大都市經濟（metropolitan economy）。卽都市之間，有籠罩其他一切都市之大都市經濟出現焉。

第二章　農業發達之各時期

農業之狀況，美國尙好，中國不良；加拿大頗有希望，法蘭西未能樂觀。今若不講各國之狀況，而專考其生產方法之進步，則可分爲六種時期：

(一)順天稼穡時期 (natural husbandry)　在此時期，耕夫除播種收穫外，所做之工作極少。彼等安於稀少之收穫，假如其所得者過少，則耕夫另擇新地；耕牧時期常如此。鄉村經濟之居民，亦有在此狀態之下者。總之生產額之多寡，一任自然界之決定。此種方法，盛行於某些時代後之日耳曼，而在十八世紀之蘇格蘭，十九世紀之愛爾蘭，及二十世紀之美洲，均不乏其例。

(二)休息地力時期 (naked-fallow stage)　因順天稼穡，有種種缺點，故其後乃採用休息地力之制：每年必將耕地之一部，另行處理，並不播種，蔓草與稻麥之根杆，任令其滋生數月，暫時作牧場等用，其後更用犂鈀平土。於是有二田制（two-field system）與三田制（three-field system），發生於鄉村經濟時期農業之最初期缺乏輪植作物（crop rotation）及用肥料的科學方法；一塊土地，耕種數年之後，必致地力耗竭，生產減落。因之不能不另闢一地耕種，而將原有之土地棄去。後來知道一塊土地，荒廢一時，原來之肥料可以逐漸恢復。因此在農業生產上，發現一種法則：即繼續的耕作，雖能使一塊田地的肥料耗竭，然而休息一時，其肥料亦能漸漸回復。故其初或耕或休，乃出於不得已，到後來則有一定制度，將耕地分成二段，每段隔年一種。中國古代虞舜之時，棄教稼穡，即知此理，所謂畎畝，畎即播種之溝，其旁有不耕種之畝，留為通風灌水，所謂萊其半以休地力者也。今歲為畎，來歲為畝，互換種之，使地力得休而自肥。所謂三田制者，即發現改換種籽，較之繼續種植同一種籽之消耗地力為少，故將耕地分為三段，每段耕種二年，至第三年則將其休息。例如第一段種小麥，黑麥，或其他秋間下種，次年夏間收穫的糧食，另一段種燕麥，大麥，豆，或他種春間下種秋間收穫的作物，另一段則待其休息一年。於是此三段田地之中，有二段輪流耕種不同之作物。並且三年之中，每段田地，必有一恢復元氣之機會，此種制度，較之二田制，更為生產豐富。

休息地力之制，其缺點有二：第一缺乏個人自動與倡造之機會。因在此制度之下，每家雖可自管有其土地與作物，然事事受一村法律與習慣之拘束。例如作物如何輪種，在何時收穫，收穫後之草地，何時可得牧畜：凡此種種，個人皆不能自由決定，因此缺少自由意思與獨立之精神。第二缺點，為農作物種類之稀少。最普遍之農作物為：大麥，黑麥，燕麥，小麥。菓子極少，菜蔬食料亦異常簡單，僅有麵包，麥糊粥，牛乳，牛油，乳餅，鹹肉。此外偶有家禽與雞蛋而已。糖則為稀有之奢侈品，但農家甚多養蜜蜂者，蜜因此遂為惟一之甜食品，此外或偶有家釀之皮酒與麥酒而已。

(三)豆科輪植時期 (legume-rotation stage) 羅馬時代之農業，可以說明豆科輪植時期。中國之農業亦已經休息地力時期，而至豆科輪植時期矣。以中國人口之衆，若不用豆科輪植法，以收精耕 (intensive cultivation) 之效，則地力將有耗竭之虞。休息地力時期之後，豆科輪植法，即繼之而興。在此時期，不僅用輪植之法，以休息地力，幷且用輪植之法，以恢復肥料。豆科之作物，如菽豆豌豆莢豆羅檳豆 (lupine) 苜蓿 (alfalfa) 等，與非豆科之小麥，黑麥，大麥，燕麥，輪流耕種，則肥料最易恢復。因豆科是窒素 (nitrogen) 之生產者，而非豆科 (non-legume) 是窒素之消費者；二者實互相補益。大抵豆科耕作法，發達於都市經濟進展之時，凡地之近都市者，往往用之。

（四）田草稼穡時期 (field-grass husbandry) 此種稼穡法，在近世之初期，用之最多。用此法時，不如以前之將土地分爲耕地，牧地，草地，荒地，而用同樣之方法處理之。即穀類與田草相間栽植是也。於此所謂相間栽植者，並不謂一年種草，下年即種穀類，種植草 (artificial grass) 之中，往往有生長二年或三年，甚至六七年以上者。所以稱爲田草稼穡時期者，因在此時期以內，田草地位極居重要。有許多田草是屬於豆科，故此種稼穡法，與豆科耕作法，有時相同。但有幾種草，並非屬於豆科，此其所以異也。幷且用此種稼穡法時，無耕田 (arable land) 與非耕田 (non-arable land) 之區別；而休息地力之法，大部棄去不用。英國在十六世紀之時，卽用田草稼穡法；其後德國之中部及北部，法國之西北部均用之。在滋潤與溫和地帶，草根甚易迅速滋生。

此種新式之耕作法，有整塊土地之農人，甚易用之。而在土地分爲條地（strips），如二田制與三田制之時，則甚難施用。英國在十六世紀之時，圈地運動（enclosure movement）進行頗爲迅速，卽因零星田畝併合之後，可以施用田草稼穡法。下圖卽表明英國圈地之管業所用之田草稼穡法：（五塊土地，每年輪植，二年長田草，三年種穀類，五年之中，祗有三年，表示於下：）

	第一塊	第二塊	第三塊	第四塊	第五塊
第一年	牧地（田	草地草）	燕麥	小麥	大麥
第二年	大麥	牧地（田	草地草）	燕麥	小麥

	第一塊	第二塊	第三塊	第四塊	第五塊
第三年	小麥	大麥	牧地（田	草地 草）	燕麥

田草稼穡法之利益甚大，既不須坐令一地荒蕪，以休息地力；田地所產之作物，無論其爲穀與草，又可供食糧及秣草之用。因之地無遺利，而在冬夏之時，比之以前之制度，可飼養較多之家畜。羊毛與皮革之空前增多，可以供製造業之用，而不慮匱乏；肉類之增加，貧者不僅限於豬肉，亦可以食牛羊矣。從前有許多肥料，因家畜之飼草於永久牧場，故耕地不能得其用。現在則栽植田草之後，即繼以穀類，故可以利用家畜所遺之肥料。從前雖亦常驅家畜至耕地或草地，使之食已割草麥之殘根，并遺糞以肥田，但此僅爲短時間之事，大部分於冬季行之，土地所得之肥料亦極少。故田草稼穡法之最大功用，即在將穀類及牧草更替種植，以恢復并維持一部分之肥質。

（五）科學的輪植時期（the scientific rotation stage）　都市及大都市經濟之發達，

使近郭之耕夫，不能不用更新法。如何可以增加生產而同時保持土地之肥質，仍如以前之為極重要問題，而科學的輪植法，乃應時而興。除順天稼穡時期外，以前之各時期，皆用輪植法，但不如此間所述輪植法之有效力與合乎科學方法耳。用此方法，每種作物，均審慎選擇，使繼他種作物之後，以冀獲得某種效果。而作物之種類，有四種至十種之多。每種一作物，均改變土質，使利於後種之作物。例如金花菜（clover）之後，繼以小麥，則小麥所需之滋養料，可以得到。從前實驗上，即發見種植金花菜後所植之小麥，比較茂盛。德國之化學家在一八八六年，始解釋其理由，因金花菜在空氣中吸收窒素，而存儲於其根節，根節犁入土地之後，小麥即可吸收此窒素。凡以各種不同之作物，相間耕種，又可使土地免除莠草，例如小麥之後，繼植蘿蔔，則與麥俱生之莠草可以拔除淨盡，而細菌與別種寄生之物，可以同時並去。在熱地黃點症菌（wheat rust），在土中祇少生存一年，假如小麥之後，繼植以燕麥二三年，則此種寄生物即消滅，而可以適宜於種植小麥。夫各種不同之作物，苟能審慎選擇，可以利用地面及地下之濕氣與肥料，因此使耕夫與其傭工，可以在一年之中平勻致力土地之作為牧場用者，幾完全除去因牧場之於土地，雖可休養地力，恢復肥料，然而並不經濟；家畜之踐踏，又使綠草受損在科學的輪植時期中，田中之草幹，固亦作飼畜之用，然在廐欄中用極好之方法餧飼之，使其毫無損失。肥料則妥爲儲藏，在應下之時始下，以免轉黴及分解之消耗。故此種農業方法，對於家畜及植物，均可得到極大之報酬，損失亦減至最少限度。作物種類一多之後，其危險亦減至極低限度以下。農人種小麥，可以出售賺錢；而燕麥，蘿蔔，大麥，玉蜀黍，則用以飼家畜家畜又可以出售賺錢；故農人之經濟地位，較前爲優，并可借利率較低之資金。

在英國最著名之科學輪植法爲諾福克(Norfolk)地方之輪植法，即將金花菜，小麥，蘿蔔，大麥等依次種植是也。在十八世紀之末，經楊雅素(Arthur Young)之鼓吹，歐美均知其法。大抵在英，德，法，意此種方法甚盛行；而在俄國，巴爾幹與西班牙，則尚未發達。即在一國之中，亦不平均發達；凡近大都市之地方，用之最多。而同爲科學的輪植法，亦有種種不同，有注重植物者，如穀類是；有注重動物者，如家畜是；或動植物之間，兩者並重；究竟注重者何在，視乎耕地與中心市場距離之遠近，及耕夫本人之地位而異。離中心市場較近者，大抵較注重動物。耕夫如係自耕農，則大抵較之佃戶爲注重家畜，以保存土地之肥質；佃戶因欲自進於地主之列，往往不顧土地肥質之耗竭，多種穀類，以收迅速之利；而永久租借之佃戶，則往往願投資於良好之家畜，暫時租地之佃戶，往往養猪與小雞。科學的輪植法，在可稱爲廣耕法 (extensive cultivation) 之中，爲末一種，而爲最新者，過此以往，均爲精耕法。

(六)專一精耕農業時期 (specialized intensive agriculture) 在順天稼穡時期，休息地力時期，及豆科輪植時期，動物與植物分別處理，惟在牛馬犂田之時，與放牧之時，兩者始有關係。在田草稼穡時期，二者更替利用土地，有密切關係。在科學的輪植時期，家畜雖不至牧場，然其食料之供給，設備甚週。至第六時期，農業用專一精耕法，一部分又回復第一期之狀況，即植物與動物分別栽養，而一塊田地，專作一種用途。在最近二三十年來，此法極盛行於英國；小管業條例 (the Small Holding Acts) 之頒佈，使小農可以獲得小農場，歸田運動 (back-to-the-land movement)，進行愈速，而專精之農業，亦進步愈速。凡在歐美人烟稠密大都會相近之地，此種生產方法，新近頗有用之者。用此方法，農人僅注意於一種作物，或則專種菜蔬，或則專業牛乳，或則專養蜜蜂，或則專精園藝，或則專養奇異之家畜。凡用精耕法時，土地須用較多之資本勞力與管理，土地面積雖小，而價値甚高，耕者必須竭其聰明財力以從事於此區區土地之稼穡。彼個人之勞力尚不足，必須更投資於肥料，灌溉機器，種籽，飼料，并須日日視察作物之生長狀況。普通言之，農業發達之各時期，愈到後來，愈趨向於精耕法。有時因人口蕃殖之速，與人民智識之低下，新農業時期未發達以前，不能不用精耕法；但在此種情形，勞力之精耕居多，資本與管理之精耕居少。在中國之豆科輪植法，就勞力言之，較歐洲之專植菜蔬，尤爲精一；但就資本與管理方面言之，則遠不如歐洲之精一，因貧苦之中國農夫，尚不知人造肥料 (commercial fertilizers) 爲何物也。

第三章　中國農業發展之各時期

西國之治農業經濟史者，大抵皆始自羅馬。羅馬以前，皆缺有間，如希臘等國，皆語焉不詳。其實我國神農教民稼穡，遠在西曆紀元前二千七百餘年，較之任何文明古國爲早。重農思想，歷數千年而勿替，上有帝王，下至庶人，旁及君臣碩彥，與夫山林隱逸之儔，無不以教稼明農，躬耕畎畝爲榮。農民之刻苦耐勞，與愛惜光陰，又爲舉世所無。至今雖因科學及農業技術之不精，生產額遠遜歐美；然仍能保持其地利，使不失爲良田沃壤。吾人撫今思昔，寧有不知自奮以恢復吾農業在國歷史上之光榮者乎？美國麻邦農業大學校長兼世界農會會長白德斐（K. L. Butterfield）博士有言曰：「舉世大邦，除中國外，再無能耕種其土地，若是其永久者。故世界人類，在農業上之成功及優勝，將專屬於中國農民。」茲考其數千年之農業經濟史，則可分爲三期：

(一)胚胎及興盛時期（自神農至戰國）　黃河流域，本爲苗據，自伏羲戰勝苗族，漢族遊牧東來，至神農時勢力東及海濱。又因天之時，相地之宜，制耒耜，教藝穀，而民乃知粒食。黃帝元妃西陵氏（即嫘祖），勸蠶稼，月大火而浴種，副禕躬桑獻繭稱絲，以供衣服，人民自此無皴瘃之患。唐虞之世，中經長時期之洪水，而農業不因之中絕者，雖爲堯舜禹平治之功，而棄之播時百穀，教民稼穡，亦與有功焉。其時種之嘉者，爲秬，秠，穈，芑等，穀以百者，所以別地宜，防水旱，計稻粱菽三穀各二十種，蔬果各二十種。歷夏商至周，井田之制，爲後世所稱頌。其制九夫爲井，四井爲邑，四邑爲邱，四邱爲甸，四甸爲縣，四縣爲都。其田除天子親耕之籍田外，有宅田，仕田，賈田，以任近郊之地。有官田，牛田，賞田，牧田，以任遠郊之地。有公邑田以任甸地，有家邑田以任稍地，有小都田以任縣地，有大都田以任畺地。其受法年二十而受，六十而歸；未成年者稱餘夫，則受田二十五畝；其壯有室，則更受百畝。上田夫百畝，中田夫二百畝，下田夫三百畝。歲耕種者爲不易上田，休一歲者爲一易中田，休二歲者爲再易下田；三歲更耕之，自爰其處。其宅亦由官給，人得五畝，半在田而半在邑，皆不得私有，其受亦有定額。故當時鮮失業之民，亦無貧富之懸隔，西方理想之烏托邦社會主義，實無以過此。周代對於牧畜，亦甚重視；故置牧師以掌牧地，牧人以司養牲畜於田野。詩曰：「誰謂爾無羊，三百維羣；誰謂爾無牛，九十其犉。」又曰：「爾羊來思，其角濈濈；爾牛來思，其耳濕濕。」可以想見當時牛羊之蕃殖，與潤澤無病之情形焉。周室東遷以後，諸侯爭雄競長，不免賦役煩興。然以農強國者，大有人在；如管仲子產李悝商鞅，或主軍農，或主法農，皆當時之最著者也。而自秦孝公用商鞅之法，廢井田，開阡陌，雖不免起兼并之患，形成貧富之不均；然亦有數利焉：當時田野盡闢，歲入增而國用饒，一也。昔時貴族有采地食邑，得自設官而收其賦，平民附屬其下，不啻為其農奴，今則田地任民種植，不限多寡，為個人私產，得自由買賣，貴族所以取平民之具，於是乎失；二也。

（二）變遷及維持時期（自秦至唐） 古時田皆國有，至人民成丁時則授之，沒則還之，三代之制皆如此，惟田之多寡不同耳。自秦令民自具頃畝實數，田得兼併，授田之制始廢。其時民田多者連阡累陌，以千畝為畔，貧人至無立錐，往往處於閭左，為富戶之佃，十分中以五輸田主，所謂見稅十五，視井田之稅，殆五倍焉。漢去古未遠，文帝雖重農，然井田制卒不可復。兼併之患，人每病之。此與英國十六世紀之圈地運動，實有同一之趨勢；潮流之來，或亦非人力所可遏阻者歟。而當此時期，器械改良，產物流通，雖無長足之進步，尚能維持秦以前之狀況。漢代重農政策，遠過於秦。觀文帝所下諸詔，除力田減租之外無他語，其崇本抑末（即重農輕商）之意，溢於言表。自三國至隋四百餘年間，亂日多，治日少，所謂刀兵時代；諸業衰敗，而農獨得保護。蓋餉糈之源在農，戰前宜籌軍餉，戰後尤宜籌民生計，究不可須臾廢也。觀武侯殖穀務農以強蜀，鄧艾祗屯田以資魏，陸遜增廣農畝，吳王權父子親受田，大可見矣。降至隋朝，農事雖不見興，然設置義倉之制，令民間每秋家出粟麥一石以下，貧富有差，輸之當社，委社司檢校，以備凶年，法良意美，後世宗之。當時又廣開河渠，於交通固有裨益，於農事亦有關係焉。唐興，重蠶桑，考畜牧，廣灌溉，榷茶酒，倡兩稅，均足多者。而開元之朝，姚崇奏治蝗，尤能破除迷信，一反中國古時修德以濟災之迂腐思想。蓋修德是一事，天災又一事，而中國古時君王，每混為一談也。自漢至唐，絲茶早為輸出大宗，唐時茶尤盛行，自回紇入朝，驅馬市茶，茶遂流通於外。而葡萄酒之製造，始於太宗之時。

（三）中落及漸進時代（自五季至清） 五季在歷史上爲亂世，人民偷生於鋒鏑之下，顛沛不堪，農業之不足言固矣。卽至宋太祖時，諸藩戰爭，民仍困苦。嗣後諸帝，不少用心農事者，如神宗之詔劉彝，察農田水利，高宗之置力田科，募民耕兩淮田，皆足稱善政；但一則意在消賦，一則重在增賦。元明兩代，皆恃漕運，計其弊害，有官農隔膜，賦斂煩重兩端，農業於此，遂不免日就衰落。蓋僅存容虛之農政，絕無切實之農學，實爲衰落之一大原因焉。尚幸農書不絕，農產日多；中原蠶桑之利，雖因五季之亂而漸失，而江南蠶桑，自此漸興。他若棉，麻，漆，蠶，白臘，爲日常產物，宋元以後，均日形發達。明季徐光啓出，於農學頗有研究，其所論開墾與除蝗，尤有獨到之見。歐西新法，雖未能見諸實行；然我國農業之轉機，實基於此。清世祖時，海內未平，未遑顧及農業。世宗繼之，注意振興，乃致乾嘉富庶。海禁大開之後，識時之士，鑒於利權外溢，對於農業漸謀發展保護之道。於是改用田器，輸入種籽，改良棉花，設立農學會，發行農學報，農事漸有改進之望焉。

第四章　羅馬農業發展之各時期

上古之世，意大利完全爲一農業國家；鄉村居民，大抵恃耕田與畜牧爲生。有幾處都市之工業，甚有進步；然此等工業，較之農業，不過略進一層，例如橄欖油及酒之製造，泥磚之烘製，木器之雕刻等是也。除外國奢侈品精美之布疋及珠寶之外，精製品極少。貿易之商品，大抵屬於必需品之性質。水陸交通，皆不發達。故羅馬時代之商業，不出於小範圍之外，商業集中之趨勢不著；即在羅馬城，商業亦未見興盛。當時最大之生產者爲農業，租稅之主要部份，均由土地負擔。關於農業之立法，爲法令中之最重要者。而農業之盛衰，與羅馬帝國之盛衰，有聯帶之關係。玆考其歷史，約可分爲四期：

（一）小農時期（從羅馬開國至紀元前二百年之際）　羅馬農業歷史之起源，吾人不得知其詳；大抵最早爲自由之共同鄉村，互相合作，共耕共收；其後經征服者之侵伐，政治與經濟之自由，均受剝奪，遂有平民（plebeians）與貴族（patricians）之分。平民大抵為原來之居戶，幷為被征服之小地主，常負債纍纍；貴族大抵為外來之人，彼等為統治階級，又為平民之債權人。但羅馬之將來，無論在農業上及政治上，均屬於平民。

在此第一期，每人所有之地產甚小。當時遺傳之地產，稱為花園（hortus），而不稱農場（fundus）。初時不過為二英畝，後來有四英畝以上，鮮有過十五英畝者。其管業既如是之小，一家何以能恃之為生，確為可以研究之問題。或以謂當時之耕作，就勞力言，確已用精耕法，或以為遺傳之耕地及草地外，每家可以租得國家之土地，更可享用公有牧場，及公有林之權利，故農人實在所有之地，較之上述之面積為多。後說較近情理，第一說似不可靠，因古時之農業，非但不用精耕法，幷且效率極低，而戰爭之事，尤使農人負擔愈重，有不得已而棄農當兵，致成無產階級者。

（二）奴隸樹植廣場時期（the period of slave plantation）（約自紀元前二百年至基督之時） 在此時期以前，雖亦有奴隸樹植之廣場（latifundium），然而尚不甚多。

至此時期，廣場之面積與數目雖增，然而從前之小管業及中等管業，並不完全消滅，不過奴隸樹植廣場之制與中小農場受其影響而有減少之憂耳。廣場之奴隸，亦非新發生之階級；在以前小農時期，有少數奴隸在小管業任工作之勞；但彼曹爲意大利人，而非如現在之爲野蠻人（barbarian），且成羣結隊，在數百或數千英畝之廣場上，操一切之工作，惟在收穫之時，偶雇自由工人耳。當時之富人，往往以一人而兼擁數處之廣場，本人僑寓於他地，於是不能親自督促工作，勢不得不雇用監工（villicus），監視工作，負一切之責任。故德儒韋物（Max Weber）謂奴隸樹植之廣場，有資本主義之傾向。至廣場生產之物，言人人殊；或謂主要之物爲橄欖與葡萄，或謂主要之事爲牧畜，或謂生產物依土壤之性質與距離都市之遠近而異。在雪雪蘭（Sicily）地方，廣場之所耕植者，普通爲小麥；高山崎嶇之區，尤其在沿東海岸一帶者，其廣場養馬，驢騾，綿羊，山羊之處甚多；凡近都市之廣場，則生產可銷售於都市之作物。

植廣場之奴隸，在當時爲白人而非黑人，以希臘人與高爾人（Gauls）佔多數。至於廣場之起源，學者之說明各異，一說謂初時羅馬之公地，可以極賤之價值購得之，有時竟可不名一文；故當時富人，均可利用此機會，乃有大牧場與大荒地。又有一說，以爲羅馬尙武功，四出征伐，戰爭實促成廣場制之興起；蓋農人遠出從軍，經長時期而始返，已喪其耕作之習慣，住於都市，而不願歸田，於是田園荒蕪，不得不出售於人，而同時戰爭之將領與富人得到征服地域之財富，於是小管業者喪其所有，而富貴與強有力者，乃可驅使多數之奴隸，以從事於耕作或牧畜。據史家里萬（Livy）言，此種富人之購置廣場，大抵爲欲眩耀其豪富，有時非特不獲利，幷或虧本。嗚呼！豪強兼併，於小農有損，於富人無益，徒以夸示其豪富，不亦大可哀哉。故奴隸樹植廣場之制，實於羅馬爲至不利也。

（三）自由佃戶租地時期（自基督降生至紀元後二百年之際） 在此時期，佃戶向大地主訂立自由契約，租地耕種。佃戶之身分爲自由民，其取捨管業，均可自由。以前第一時期所遺下之小自耕農，與第二時期所遺下之奴隸樹植廣場，依然存在；惟二者逐漸衰落，而佃種制乃代之而興。夫佃戶租種，以前早已有之，惟不及此時之普遍耳。蓋在此第三時期，戰爭之事較少，奴隸亦較少，其價格飛漲；且奴隸之工作，效率極低，於畜牧及土地，均有害無益，並且忠實善耕之監工，亦不易覓得，不如出租於佃戶之爲有利，故佃戶租種制，漸爲盛行。

當時地主之富裕者，常於鄉間築別墅。別墅之旁，每有花園及果園；別墅有白石之廳，香侈舒暢之居所，有會客室，餐室，藏書樓，練身房，有遠山近水，可以凭覽。其房屋之建築，冬暖而夏涼，屋中有熱水管取暖，有游泳池及浴室。人之生息其間者，終日優游自得，有嬌妻良侶，可以伴寂寞，有文士可以攜手同行，有戲劇可以賞心樂事，有音樂入耳而不煩；如此嘯嗷終身，亦人生之樂事。然而羅馬國力之衰微，亦基於此侈泰逸樂之風尚。蓋羅馬富人所得之財富，奴隸，及大部份之美術，皆來自征服之土地，而無論何種民族，能自食其力者，可以安享；彼不勞而獲，與借得之文化，終不克永久恃以爲生也。

(四)農奴時期（自紀元後二百年至四百年之際）　在此時期，地主之產業，較前爲大；而佃戶則失去其自由，變爲農奴 (serf)。所謂農奴者，與其所耕之土地相聯；凡一大地產，常有許多農奴。每一農奴，均與其家族，恃其小管業爲生；每一農奴，均須付地租於地主，支付之物，或以貨幣，或以他種作物，或以服務，殊不一致。愈至後來，農奴之制愈普遍深切。在此時期之初，小自耕農，樹植廣場之奴隸，及自由佃戶，尙有並存者；及至後來，此三種人均變爲農奴，終乃造成食邑制。農奴之發生，由三種人變化而來：（一）在意大利最普通之農奴爲第三時期之自由佃戶。（二）爲居住於帝國各處之自由野蠻人，此種人在數省甚爲重要。（三）爲奴隸。第一第二兩種人，其數甚多，從前爲自由的；第三種人，其數較少，以前備受奴隸之待遇。故農奴制之發達，多數人在社會上之地位降低，而奴隸之地位則昇高。此種變化，使高級與低級之耕種者，處於同等地位。大體言之，實爲社會上之損失。

農奴制如何發達，有自上及自下兩種之原因所演成。所謂自上之原因者，即爲地主之行爲，將奴隸待作農奴，此種情形，一部份亦經法律之承認，在紀元後三六七年至三七五年之間，有法律規定奴隸不可與其所耕之土地分離，或出售之。地主又與以前之自由佃戶，訂結契約，將其變成農奴，久之而成爲習慣。所謂自下之原因者，即羅馬當時發生之庇護主(patronage)之制是也。個人或全村，至強有力者之處，自願爲其臣民，在國內暴動騷亂之際，可以托其庇護；此種情形，中央政府對之，亦不禁阻。惟若居民因求逃稅而至強有力者之處，托其庇護，則政府竭力反對之。但各省之官吏有時卽爲庇護居民逃稅之人；軍人領袖，總督及教堂，均爲最重要者。在此時期之末，對於人身及土地之稅，異常繁重，人民之托庇於主人而求逃稅，亦冏其所。而都市經濟之衰落，亦爲農奴制度發達之一因。當時東方之奢侈品與香料，輸入甚多，金銀流入於東方不少，因之物價下落，工商凋弊。都市經濟衰落，鄉村受其影響，農產亦爲減少，居民僅求生活之安寧與所有物之保全，不惜喪失其自由，以托庇於豪富或強有力者。

當時有私人之大地產 (saltus)，在北非洲爲最多，但在羅馬帝國之大部份，多少均可尋見之。此種大地產，有屬於皇帝者，有屬於元老院議員者，有屬於禮拜堂者。大地產之所以造成，或即如以上所述之原因。大地產有二部份：一部份爲租戶之地，一部份爲地主田地 (demesne)。租戶在當時爲不自由的，或在變成農奴之歷程中；其所付之租，大抵爲生產品，此外或更爲主人服雜役。租戶之領袖稱租戶頭 (conductor)，彼付地租之全額於地主，而其他租戶，則更向租戶頭租地，並納地租焉。地主對於大地產，更委有私人之代表，名監工(procurator)，以監察大地產之工作狀況焉。

(五)食邑發達時期（自紀元後四百年至八百年之際） 在此時期，地主利於農奴之附着於地產，法律上不可移動，故更進而加新負擔於農奴，例如強迫農奴每星期至地主田地耕作，由地主所僱之職員監察之。在此制度之下，地主自租戶所得之收入，非但為每年之地租，并且為每星期之勞力。而農業輸役，大地主及監工耕作 (bailiff farming) 等制，大為發達。在以上第四時期，地主之田地較小；不過在收穫及耕種之時，農奴輸力。今則地主田地，擴充甚廣；而地主得自農奴之大部分收入，為農奴每星期之勞力。至此而食邑制完全發達。在羅馬帝國，食邑制之起源，約有二種：其一，自私人地產發生，經歷奴隸樹植廣場時期，自由佃戶時期，與農奴時期，以上已詳述其概略矣。其二，為自由鄉村村民，原有自由，但因請求強有力者之庇護，以避免苛稅，故降為農奴。此二種之起源，第一種較為普通。

結論 羅馬之滅亡，為歷史上大事之一。其滅亡之原因，為歷史上一大疑問。吾儕此間所應研究者爲究竟羅馬之滅亡，因爲農業之衰敗而發生歟？抑農業之衰敗，因羅馬之滅亡而發生歟？大抵農業之衰敗，因羅馬之滅亡而發生。羅馬之所以滅亡者，因蠻族之乘時來侵伐，勞民喪財，不堪其苦。羅馬與東方之貿易，又損失金銀甚鉅。蓋羅馬既不能開採如許之金銀鑛，亦不能產生許多東方所需之商品。貨幣之缺少，使商業不振，都市衰落；都市既爲帝國政府主要之單位，則都市之衰落，自將危及帝國之生命。都市之經濟方面，既受損失，政治方面，又是分裂之象；於是農村漸圖脫離都市之關係，以求安全。都市之購買力既減少，鄉村遂逐漸將其剩餘產物減少，并力求脫離都市行政管理之拘束。因此都市之納稅者愈少，市民之租稅負擔愈重，換言之，鄉村經濟方面求自足，政治方面亦求超然於都市之外。鄉村與都市，既不能合作，更促羅馬之衰敗。但羅馬之衰敗，究爲其農業衰敗之重要原因；蓋羅馬帝國有喪亡之象，而後農業發生閉關自守之現象，從商業化的農業(commercial agriculture)退而爲自給的農業 (subsistence agriculture) 也。

此五時期中之第一時期，爲羅馬之鐵時期；當是時也，聲威遐被，意大利方爲其懾服，而從軍之士兵，常在小農場耕作。第二時期爲羅馬之黃金時期；羅馬市爲地中海世界之首都，與文化之中心。同時因戰爭而擄得之奴隸，可以爲廣場樹植之助，使主人得享其驕奢淫逸之生活。第三時期爲羅馬之銀時期；羅馬之武功，已至極度，不能更有新發展。奴隸樹植廣場之主人，寧願從自由之租戶，收取地租，而不願從強迫之勞工取利。第四時期爲羅馬帝國之衰落時期；封建制度，於此發生，以保障各地之治安。帝國分裂之象已著，鄉村居民，但求經濟之安全，不求收入之豐富。至第五時期，則西羅馬四分五裂；商業化的農業，退而爲自足自給之食邑制度。在都市經濟制度之下，政府可以得到一切軍政費用；因帝國之勳產，均集中在都市，政府可以有賦稅之源。但都市今已逐漸衰落，政府稅源頓絕，一切難以進行。帝國之基礎，實完全築在都市之上；都市衰落，帝國亦衰落，而農業亦退步至於極地，復入於羅馬初期之現象，貴族爲耕作小民之主人，農業仍退至鄉村經濟之狀況。

第五章　中古之食邑制

（一）食邑之起源　羅馬帝國滅亡之後，中古時代經濟史最顯著之食邑制度，乃乘時興起。食邑爲地主之一片大地產，其中一部份爲佃戶之農場，一部份爲地主自己之田地(demesne)。大多數之居民，皆爲佃戶，可在其小管業耕作，以維持其生計；佃戶有此權利，同時對於地主，有每星期在地主田地耕作數日之義務。在犁土及收穫之時，佃戶尤須爲地主耕作。地主之取得土地所有權也，不一其道：或由封建，或由購買，或由篡奪，或由他種方法。而佃戶之來歷，亦不一其源：或爲以前地主之子孫，現歸新地主管轄，或爲地主之永久債務人，或爲托庇於地主以求保護之人。中古時代實際上凡屬田地，皆屬於食邑。在十二十三世紀商業工業及城市生活發達之前，全體人民幾盡在食邑制度之下。夫食邑制度，雖爲地主與佃戶並立之制度，但食邑(manor)一字，原從地主所住之邸第(mansion)而來，此地主所住邸第，可爲此制度之標識，蓋邸第所住之地主，一方面保護佃戶，他方面又從佃戶取得服役與生產品也。

食邑制度，不僅發達於英，法，德，意，西班牙；並曾通行於俄國，土耳其帝國，印度，日本。在許多地方，食邑發達之時期，多有在五百年以上者。考其起源，則歷史家之意見殊不一致；或以爲自附有農奴之地產所變成，或以爲從共有之自由村所造成。而現在大多數之意見，則以爲二者皆爲食邑制之起源。此外有一派以爲此種制度之主要特質，發生於羅馬帝國，流傳或復興於中古時代。更有一派以爲食邑乃條頓民族之制，發生於被日耳曼佔居之各國內。此二派各皆言之成理，持之有故；史家對此，尙未有確切之斷語。

力求治安爲食邑制度所以發生之重要原因。在歐洲之平原肥沃，其可耕之地，無論其爲私人地產或公有鄉村，皆有保護其管業之必要。住於自由鄉村之蠻族，侵入帝國之邊境；羅馬滅亡之象已著，都市垂衰，剩有鄉村，不能不力謀自保。而羅馬有許多鄉村，終不能免蠻族之侵入蠻族所居之自由鄉村，亦不能免其他蠻族之侵入：如諾曼人（Normans）之侵入。

伐塞納河 (Seine) 口之法蘭克人 (Franks)。丹人 (Danes) 之搶劫英格蘭東部之盎格洛撒克遜 (Anglo-Saxon) 是也。

（二）食邑之地主　食邑之地主，大抵爲武士，公爵，或侯爵，大僧正，或許多僧官，或國王，位分崇高之地主，常有許多食邑分佈各地。一個食邑有時爲封建 (a fief) 國之一部分，有時卽爲封建國之全部。地主對上與對外，爲封建的關係。換言之，卽地主對上有宗主附庸之關係；但地主對下，完全是食邑關係。凡擁有許多食邑之地主，祇少有二個職員司食邑內之事務：一爲庶務員 (seneschal)，管理各食邑之事務；一爲會計員，代其收取各食邑之租金。單獨之食邑則另有其職員，一爲監工 (bailiff)，係地主之代表，掌理食邑內之事務；監工之下，尚有一副監工 (reeve)，負責使某種工作進行，同時亦顧及佃戶之幸福。此外另有食邑僕從 (radman)，牧羊人，牧豕人，牧牛人，製酪婦，農作物之守護人等等；雖不完全，然亦可見食邑分工之工作。

（三）食邑之其他各種人　地主與其職員之外，食邑上更住有各種附級之人。據記錄所織，第一種為自由民 (freeman)，彼等支付定額之地租；戰爭之時，助地主出征，在犂土及收穫之時，為主人工作。彼等為自由之佃戶，非如他種人之有種種額外工作；其身體及地位，亦頗自由，可以離開食邑，可以將其女兒嫁與他食邑之丈夫，可以將其子送至都市學習行業，可以使其入教堂。第二種人為鄙民 (villeins)，乃食邑最普通之人民，亦稱農奴；彼等係不自由之佃戶，每星期必須為地主作工二天或三天，間有多至五天者。其工作之量有定而工作之種類則無一定；凡地主所需之工作，不論其為犂土，挖溝，施肥，割稻，載運，打麥等等，均須為之。彼等不能隨意離開食邑，或嫁其女兒於其他食邑之丈夫，或同食邑之自由民；亦不能送其兒子學習手藝，或進教堂：彼等若欲為此等之事，則常須支付罰金，得到地主之許可。第三種人為隸民 (cottars and squatters)，在鄙民之下。其所有之管業甚小，不足供一家之贍養；因此彼等不能不為他人作工，以補其不足。故下級之一種人為奴隸 (slaves)；彼等全無執管之地，終年為地主工作，可享之權利甚少，或竟無之。其身體如牛馬，一任主人之自由出賣。但食邑制全盛之時，此類奴隸，逐漸消滅；在西歐則幾於完全不見，在東方之俄國，則家內僕役，卽爲奴隸，直至解放時始止。在食邑制之下，奴隸不能爲重要之階級，因其逐漸變爲農民或他種佃戶也。而農民，隸民，因其與土地不可分離，喪失其自由，故終受地主之剝削；其所付之租，或爲貨幣，或爲產物，或爲勞力，殊不一致。農民住於地主邸第之旁，共同操作，亦有其社交之生活；更有地主之牧師，在星期日講道，在春秋佳節，農民亦有宴樂之舉，亦可偶至都市遊覽。惟其所享之快樂，是否能超過茅屋生活之枯寂，則吾人實不易知耳。

（四）食邑之農業　就大體言，食邑主要之點，隨時隨地皆相同。食邑中居民，大抵不分散居住於孤立之田舍內，而居於附近教堂及地主邸宅旁之茅屋。此種房屋集中之鄉村，名爲中心村（nucleated village）。地主邸第之旁，有釀酒房，庖廚，及其他農事之建築物；鄰近之處，如有溪流，卽設磨坊。佃戶所居之茅屋，則潮濕窄小，且毘連廐圈及倉廒。中心村之四周，皆爲敞地耕種之地，離村最近，草地與曠地圍其外。中古時代農業之特點，爲敞地制度（open-field system）。此種制度，在有數地方，竟保存至十九世紀。所謂敞地者，卽在一食邑之內，各人所管田地，不用柵欄分隔，亦無經久之界劃。農作物生長之時，及秋草收穫之時，略有標識爲界待收穫之後，此種界限，一齊除去，任令牧羣嚙草，耕地即變爲牧場。當時因缺乏換種及肥料之科學方法，故不得不用二田制及三田制（其說明可參觀第二章）。

敞地制度之另一重要特點，爲將耕地分成長條，以備指派與佃戶。此種條地制度 (strip system) 之本意，由於謀土地分配之均勻而起；蓋土地肥瘠不一，將其分成長條，而每人所有之條地，又不挨次連接，乃分散在各處，可免不公允之病。在英格蘭之大部分，此種條地，有四十竿長 (rod)，又稱爲一犁長 (furlong)，四竿寬，合面積一英畝（每竿約爲英呎十六呎半）。二竿寬之條地，適合半英畝；一竿寬之條地，合一英畝之四分之一。此種條地之分界，或以一線不耕之草地爲記，或以石片置於一條土梗之上，作爲標識。在歐洲大陸，其詳細情形雖不同，但條地制度，甚爲普遍；耕種之地爲許多列成正角或交錯之條地拼成，一似不整齊之棋盤格。

在食邑制之初，此種條地，常每年或一定期間重新分派一次。但中古時代，此種重新分派之辦法，大率停止；佃戶可保有其管業，幷傳於子孫。至於每一佃戶，能保管地面多少，則卽在同一食邑之內，亦難一律。在中古時之英國，一人耕種，或二三人合耕條地之總佃地(yardland or virgate)多爲三十英畝，但僅耕半數者亦不時有之。

每個食邑均有幾塊草地 (meadows) 所出之乾草，可以供家畜過冬之需。草地在有數處爲一大段，在有數處爲夾雜於耕地之二三小段。在中古時代，英國之草地，亦分成長條，但與耕種條地之辦法不同，每年重新分派一次。在歐洲大陸，其辦法各國互異，但無論何處，草地收穫爲乾草之後，總是開放爲公共牧畜之用，與收穫後之耕地相同。耕種地與草地之外，四周有牧場與樹林，名爲曠地 (waste)；隨時開放，略附限制，供食邑內居民公衆之用。在耕種之時，尚有以前鄉村之共產精神可以考見。佃戶並無充足之農具與耕牛，以單獨耕種其田地；於是緊要之農事，如犁田及運載農產品，皆協力進行，而出產並不均分。地主之田地，居食邑內極大之一部分，有時大至一半，時或過半。地主田地，除耕種地外，又有許多草地與林地，其間有幾種權利佃户不能享用。佃戶有耕種與守護地主田地之義務，此種田地之出產，爲地主與其家屬衣食之源。

(五)食邑制之自足　人有恆言：「食邑制爲自足自給；」但當時食邑與都市，亦有貿易之事。如村居所用犁鈀之鐵，鐮刀，鹽，藥材之類，不能不仰給於食邑之外。而鄉村亦有其市場，他食邑亦可在此貿易。在紀元後七世紀，巴黎之北，聖丹尼 (Saint-Denis) 即有市集(fairs)爲貿易之中心。厥後都市發達，食邑仰給於外來之供給者愈多。而在十世紀以後，貨幣之用大著，更足以證明當時之有貿易。

(六)食邑制之各方面　食邑制度甚爲複雜，試就各方面討論之。就經濟方面言，食邑爲耕作之單位；佃戶各出其力，互相援助，一人供給犁鈀，又一人供給耕牛，並且共同在地主之田地工作，而受地主所僱職員之指揮。凡穀類與雞蛋等食料，羊毛與皮革等原料，布疋與車輛等製品，皆在食邑生產。就行政方面而言，食邑爲行政之單位。在食邑之內，有其法庭與法官。納稅時以每食邑納稅於皇家之金庫若干計之；並選出武士若干於諸侯。在防禦外侮之時，以都市爲中心，而食邑亦任一部分之事。簡言之，食邑爲封建國家最小之單位。封建發達之時，食邑乃應運而生；封建衰落之時，食邑亦衰落。就宗教方面而言，則歐洲食邑，幾乎全有教堂，祇少必有一處。此種教堂大多數爲地主所有；普通每食邑有一牧師。村民須納稅以維持教堂之用度，此稅由地主所徵收或支配。大多數食邑之疆界與教區之境界相同。就社會方面言，食邑之人非但協力工作，有宗教上之共同信仰；并且互相往來，共同娛樂；而婚姻大抵限於本食邑之內，與外間通婚姻者極少。許多鄉村，皆爲同一血脈之親屬所居住；故村民內部之通婚，往往爲體格及心理脆弱之一因。而食邑之內，並非完全團結一氣，地主之身分較高，其他各種人，亦不無階級之分。

(七)食邑之得失　在中古狀況之下，食邑式之農業，有數種長處。第一，佃戶可以耕此而得有永久之管業，因此而能自求經濟獨立。第二，在擾亂期間，此制能切實保護居民。第三，種耕之標準，因此可以維持；節儉之人，可以得相當酬報。至於其缺點則頗多：小農不易取得土地，一也。地主或其職員對於農人均暴泪無狀，二也。一人所管之田地，在條地制度之下，均分散在各處，徒勞耕夫之跋涉，三也。田地無永久之障籬，惹得人來踐踏，即生爭執，四也。農民無自動之精神與試驗之機會；耕作之方法，均照慣例而行，五也。有此種種缺點，故中古之農業，極爲簡陋。究竟在十八世紀以前，歐洲有幾處地方，曾用羅馬極盛時代之科學與技術，以從事於耕作，實爲疑問。廣大之土地，爲森林沼澤所遮蔽，開墾與洩水，時作時輟，而不甚有效，在德國與法國之東部，此種情形尤爲顯著。收穫既少，種籽亦不改良；即在豐年，出產不多，一遇水旱或他種天災，更不免有意外之歉收。例如英格蘭在最豐之年，小麥與黑麥之出產，每英畝祇有八羅或九羅（bushels）；現今相同之地，平均產量每英畝有三十羅（每羅約合中國三斗九升）。當時常遭凶年，農業極少進步之機。

（八）食邑制之衰微　食邑制可分四期，試以英國爲例，自紀元後八百年至一千二百年之際，爲發生時期。自一千二百年乃至三百年之際，爲最盛時期。自一千三百年至一千五百年之際，爲衰落時期。在一千五百年以後，食邑所遺存之制極少，在英國所遺存者爲斂地制度，耕作慣例，牧地草地及曠地之公用，原有之法庭及守地法等等。在法國之北部，食邑之衰落，早於英格蘭。法國白根台（Burgundy）地方食邑之衰落，與英格蘭爲同時。日耳曼有數處地方，食邑制在十九世紀之初始衰落。普魯士之農奴制，因一八〇七年及一八一一年之詔書而消滅；至一八二一年，地主之田地，與農人之管業，完全分離。其在俄國，亦因一八六一年之詔書，而食邑制爲之消滅，其在日本，食邑制與封建同時消滅於一八七四年之後。

西歐各國食邑之衰落也緩而漸，試以英格蘭爲例，監工耕作法 (bailiff-farming) 先衰落；以貨幣折算租金之法乃盛行，佃戶之地位，乃不如以前之卑下。在一五七四年，皇家之地產，有許多農奴皆釋放。至十七世紀之終，英國之農奴，乃不可復見。至十六世紀之時，因貨幣價值之跌落，故地租無形銳減。同時農業耕種之方法，在英格蘭之各部，改良者頗多；以前用休息地力法，或豆科輪植法者，現在多改爲田草稼穡法。以前之敞地制度，漸因圈地而減少，至一八四五年之時，完全絕迹；大體言之，祗有食邑邸第，食邑之存名稱，與有數地之舊法院，遺留至今。概言之，有英比法三國，食邑之衰落較早而漸；在德國之東北部，及俄國，食邑制之消滅較遲，而皆經詔書與法律之宣示。

一般說者以爲食邑因陳舊無用，故致衰落，此說洵然。但吾人欲探知其究竟因何而遂其消滅，研究此問題，有二事須特別注意：第一，食邑與封建制常同時存在；第二，都市與強有力之國家，常有密切之關係。羅馬文明滅亡後之遺址，有都市逐漸發生，因此使食邑受二種影響：第一使食邑有一活動之市場，第二使抱有缺望之佃戶，可以至都市尋職業，其後更從事於製造業。故在英國，食邑之耕種制，於不知不覺之中，逐漸消滅。英法都市之興起，更使其政府有徵收租稅與募集戰士之機會，而力量更臻強固，可以制服食邑之領主。假使其都市之區域甚小，并且爲商業而非工業之都市，則其情形將不同；例如在普魯士之許多地方食邑制並不因商業都市之興起而受影響，其君王亦不與市民相聯絡，而與貴族爲難。直至受拿破崙侵伐之後，國家受非常之難，普王發憤圖強，乃下令釋放農奴，取消食邑。俄國與普殆有同一情形；克里明之役 (Crimean War)，英法大敗俄師，食邑制與封建國家之弱點，表露無餘。遂於一八六一年，有釋放農奴與廢除食邑之詔。以上二次戰爭，均足以表明立國於工商業都市基礎之上者，較之立國於食邑與封建制度之上者爲強。在食邑與封建國家，工商業極不發達，而在工業發達之都市，則國內外之貿易必發達，國家必強固。都市及國家發達之後，農人增進之機會愈多，可以得到最後之成功。

第六章 英國大都市經濟暨國民經濟與近世農業之關係

（一）大都市經濟之發達　農業進步之經濟背景，在中古以前之四種時期，已於第一章中述之。至近世而有第五時期之大都市經濟出現焉。由表面觀之，都市與大都市之區別，祇在幅員之廣，人口之多。歸來所造之城垣，或拆去而推廣其疆界；舊有之樓房，或改為高出異常之宏偉建築。舟車輻輳，百貨屯積，商業盛隆，動以巨萬計。從前都市之藝匠小商，至今皆為大商所籠罩。但大都市之所以為大都市，要非偶然，必在水陸交通之要道；並且在群衆之消費者與群衆之生產者之間。例如倫敦介於歐洲之豐富市場與較不發達之海外各地之間；紐約後有物產豐腴之大陸，前有歐洲與其他各地。而大都會又必以大城為中心，附其近郭，有廣闊之沃士。

都市經濟起，而鄉村經濟衰；但鄉村仍存在，不過附屬於都市耳。大都市經濟起，而都市經濟衰；但都市仍存在，不過經濟上附屬於大都市耳。倫敦及其四周之境域，最早成爲大都市之本位。考大都市發達之歷程，有四種顯著之現象；此不僅倫敦有之，即其他各大都市，亦靡不有之也。第一時期之現象，爲專業批發商之發生：在英國爲一五五〇年至一七五〇年之間。中古都市經濟發達之時，雖有批發之事，但無專業批發一類之商人。農人載粟求售，照都市之定例，須先將其出品在公衆之地展覽，任消費者之選購，如有剩餘之粟，始可售諸糧食商人。在大都會經濟之時，則批發商與零售商之區別甚清。批發商之業務，專以大宗買賣爲事，例如糧食批發商，從許多農人收買大宗糧食，善爲儲藏於倉庫，分售於零賣商，而爲賣買之便捷起見，更集中於中心市場之交易所；如倫敦穀類交易所（The London Corn Exchange），利物浦棉花交易所（The Liverpool Cotton Exchange），紐約物品交易所（The New York Produce Exchange），芝加哥穀類交易所（The Board of Trade, Chicago）等是。同時此等商人，除組織交易所之外，更組織股份公司，以從事於殖民及商業。

大都市經濟以前，雖有股份公司，但並不重要。至大都會經濟時期，乃有資本雄厚之大股份公司，冒大危險做大企業。英國在十六世紀之末，如俄羅斯公司(The Russia Company)，與東印度公司(The East India Company)，風起雲湧，不可一二數。此種股份公司，使遠東近東南非北美及歐洲之貨物，薈萃於倫敦，而促進大都市經濟集中之局面。此種貨物之貿易額，較前既激增數十百倍，乃不能不有大資本以爲之周轉。貴族與商人，僧牧與孤寡，皆出其羨餘於金融市場。在倫敦之股份公司，皆由商人所管理，成功者不少；在巴黎之股份公司，皆由貴族與國家官吏所管理，失敗者甚多。

世界各國之貨物，既集中於大都市，於是倉庫業乃成專業，而爲大都市商業之重要部分。在都市經濟時期，倉庫業務由農工商賈所兼營。在大都市經濟時期，有專業之倉庫，專爲農工商賈儲藏貨物。既需鉅大之投資，復要專門之智識，故更分爲穀類倉庫，棉花倉庫，冷藏(cold storage)倉庫等，種種不同之倉庫業焉。倉庫業之外，廣告業乃大爲盛行；商人不如前之以坐待顧客爲滿足，更進而以招攬顧客爲事矣。在都市經濟時期，倫敦所有之穀類，仰給於國內，偶或從海外輸入。迨大都市經濟時期，而穀類不得不遠從海外輸入，波羅的海一帶之輸入，尤為重要來源。

大都市經濟之第二時期的現象為大工業之興起；與以上所述市場之推廣，有密切之關係。在此時期，家庭工業衰落，新式工業發生，工業之組織改良，原動力之機器廣為引用；在紡織業與五金業此象尤著。有數種奢侈品之製造，常集中於都市之中心，因在都市則可以利用市場之組織，原既易購得人工又易招致，熟貨亦易銷售，如上等衣服業，珠寶業及糖果業是也。但有許多工業，則因大都市製造成本之高，不能不遷而至他，如十八世紀倫敦之絲業，與二十世紀紐約之印書業是也。而有幾種大宗生產之工業，甚少建立於大都市，如英國之棉織業，及鋼鐵業位於英國之北部，而不在倫敦。英國有伯明罕(Birmingham)美國有畢資堡(Pittsburgh)等地，專以鋼鐵等工業著稱焉。此等新式工業，廣用原動力機器及粗工，故農人之失去其管業者，咸麕集於工廠，以求較高之工資。此種昂貴之原動力機器，均由以前農商業之剩餘資本所設備，而此種新潮流之興起，自一七五〇年至一八三〇年之間，達於極點，即所謂工業革命是也。

第三時期之現象爲交通之革命。第一期商業之發達，與第二期工業之發達，雖與許多交通之改良同時並進；然交通界之革命，則實在此二時期以後。在大都市舟車繁盛之後，街道不得不放寬，舖路不能不結實，路線不得不引長，陳舊之城垣，既失其以前保護之功用，復因阻礙交通而拆除。工程師與市政專家出其技巧以改良交通；資力雄厚之公司，更投鉅資以建築橋梁，空中鐵道，地底鐵道，以開交通界未有之局面；然而交通問題，因地面汽車之多，仍不易解決焉。

近世之初，英國各地鄉村至倫敦之運輸，極不方便，道路極不易行。至十八世紀之時，有著名之工程師麥脫卡夫 (Metcalfe)，戴爾福 (Telford)，馬卡鄧姆 (Macadam) 建築公路，既平滑而又易洩水。近數年來，車輛加重，道路之建築，固仍有應改良之處，然在彼等之後，道路已搆爲大都市經濟之川焉。道路之外，運河亦非常重要。倫敦與勃利斯篤 (Bristol) 之運河，開濬於一七八二年；而倫敦之北方，開濬運河尤多。因一則可以幫助煤礦鐵鑛之開採，與新工業之發達；二則可以連絡海洋與都市之交通也。其後與倫敦相通之運河愈多，此於各地之農人，採鑛者及廠主，均有直接或間接之援助，使其能運輸貨品至倫敦，并從倫敦到得許多貨物也。一八三〇年利物浦（Liverpool）與孟乞斯脫（Manchester）之鐵路初成。一七三七年以後，英國之倫敦，法國之巴黎，俱為鐵路之中心；而密如蛛網之鐵路，乃滿佈於全國，於是都市及大都市之中，常有菜蔬，水菓，雞蛋，牛乳，家禽，鮮肉，可以源源不絕，自鄉間輸送；更有鮮魚來自海濱；對於農人及漁夫實開拓一前此未有之機會。火車之外，汽船亦甚重要。美國之克雷芒號（Clermont），於一八〇七年首先駛行於赫特遜（Hudson）河；而以汽船推廣於海洋，首推英國。英國首有經過大西洋之定期航船，且操世界海運之霸權；雖有美德日三國為勁敵，然英國所得於海運之報酬，仍為最多。而大西洋汽船之通行，可使南北美洲與澳洲便宜之穀類與肉類，源源不絕而來。此等新開闢之土地，土質肥美而新鮮；英國與歐洲之農事，成本既高，就地利言又望塵莫及，因之大受損失。於是英國與歐洲之農夫，舉至新大陸謀幸運之生活。而倫敦集中之趨勢愈著，蓋海洋汽船，助成利物浦與孟乞斯脫之發達，而該二地與倫敦水陸俱通，實與倫敦如一個中心也。

普通言之，都市經濟之發達，其影響及於農人，殆非淺鮮。彼等所產之物品，無論多寡，必可案照市價而銷售於市場。彼等非但與本地之農人有競爭之關係；且與世界他處之農人，有競爭之關係。運費因用汽力而愈加經濟，又因集中於一地，而愈加低廉，因此物品之成本愈加低廉；此於生產者與消費者俱有利益。且賣買之貨物因運輸之改良與迅速而愈加新鮮，不復如以前之經濟與文化，俱有孤立之弊病也。農業愈加商業化，所以能致此者，運輸新方法之進步，實有大功。而此等進步，就倫敦言，自一八三〇年至一八九〇年，最爲顯著，而至今仍繼續進步焉。

第四種之現象，爲金融之發達。夫金融之發達，原與商工業及運輸，同時並進；雖兌與放款，在都市經濟已有之。但至大都市經濟，而金融之組織，愈加精密，愈加廣汎，愈加強固。此種現象之發達，就倫敦言，自一八九〇年以至今日，最爲顯著。金融界之威權，愈加尊崇：凡信用之一收一放，農工商業，靡不受其影響。因銀行之林立，大都市乃爲金融之樞紐；以甲地之羨餘，補乙地之不足，可以適應各地之需要，如水之流，咸劑於平。農業區域在某季節有盈餘，則補助工業區域之不足；但在其他季節則或須向工業區域告貸。無論資金流動之方向如何，數量如何，其交易之成遂，必經倫敦之金融機關；因此大都市，都市與鄉村，皆打成一片。

（二）大都市與農業之關係　大都市經濟發達之後，農業愈加商業化。但亦因種種情形之不同，而商業化之程度，微有不同。蓋各地與大都市之距離有遠近，交通有便利與阻塞，土地之性質與氣候，亦有不同。凡大都市必位置於商業便利之地，又必在食料與原料可達之地。但大都市雖離肥沃之地不遠，其相近之處，亦常有磽确不毛之地。如倫敦有泰姆士河(Thames)與奧斯河(Ouse)二流域之肥土，其近旁亦有荒草叢生之培塿甚多。普通言之，農業之技術，視乎與大都市交通便利與否而定。在商業化之農業制度下，農人如何利用其土地，全視其銷售貨物之機會而定。假如其離大都市甚近，則在尋常狀況之下，則彼將用精耕法，細心耕植每畝之土地，用巨量之資本與勞力，蒔種花菓菜蔬，以供給大都市之需要。雖法國南部之菓子，與比利時之菜蔬，因其氣候地土人力之宜，生產甚富，亦常運至倫敦市場，與其郊外之農夫競爭，然此爲例外。園藝以外之地，則有牛乳農場，以供給新鮮之牛乳與乳酪。在此之外，則有普通農場，生有穀類及牲畜，此種牲畜，供給大都市之肉類，牛油，及乳餅。在有數大都市區域之最外層，爲多山及瘠土，祇宜於牧場之用，則將用最少之資本與勞力焉。試以下圖顯明之：

凡近大都市之地價常最高，因其用精耕法故。惟亦有因土地肥瘠之不同，而有例外。種菜蔬菜子之園地，地租最高；廣闊之牧場，地租最低。地租之中，何部分因土質肥美而發生，何部分因近於中心市場而發生，則實際上頗不易決定。或以爲愈近中心市場，則租地者愈多；因愈用精耕法，則地價愈高，農夫將盡投其資於農具，更無餘資可購買土地。但細究之，殊不盡然：美國有許多近於中心市場之菜圃，均爲農人所自有，菓圃亦爲農人所自有，因植樹須經過長年代之培養；而種植穀類，棉花，煙草之小農場，及中等農場，往往較之牧畜之農場租戶爲多。

（三）國民經濟與農業　在大都市經濟之下，農人雖在後方工作，生產原料與食料，然

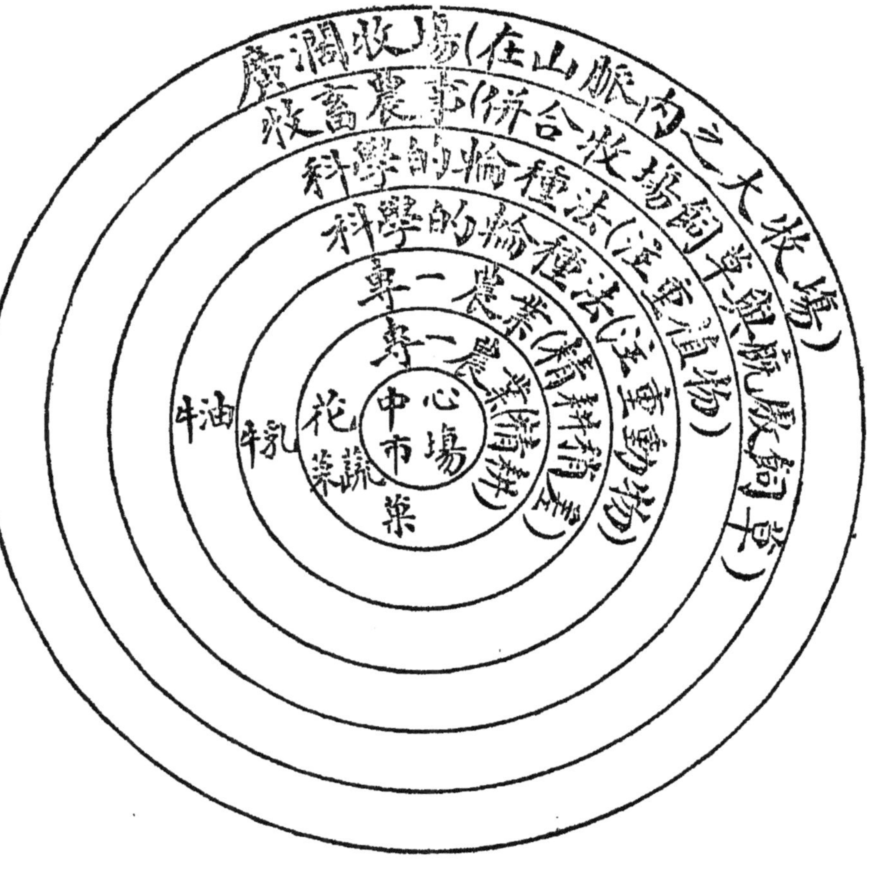
廣濶牧場(在山脈內之大牧場)
科學的輪種法(注重動物)
專一農業(精耕)
中心市場
花
蔬菜
牛乳
牛油

頗占重要之位置，同時農人亦爲國家公民之一分子。夫國家之成立，較之大都市爲早，有時并較都市爲早從前鄉村時期與食邑時期之國家，乃分散而非集中的；故適宜於各地之防禦，而不適宜於集中兵力之征伐。但都市發達之後，財源豐富，集中於都市中央政府軍政費之供給，乃有確實之來源。大都市經濟發達以後，財源愈富，而國家乃有一定之商業政策。凡無大都市之國家，雖欲模仿大都市之國家，亦不能成功。英國爲大都市國家最顯著之例。大都市與國家，有互助之關係；蓋大都市使國家強固，而國家能使大都市發達，成一極大之經濟組織也。

大都市經濟，乃一非正式之組織，國家乃正式之組織。蓋大都市無憲法，國會，及文武官吏；多數市民，雖可發表共同之意見，然不能有具體之政策。而國家則有政府與政策，政策之行於大都市及其附屬區域，有極深遠之影響。近代國家最早之政策爲重商政策(mercantilism)；在英國發生於十六世紀之後半期，以製造品輸出之超過金銀輸入之增多爲要圖。凡國家所需之貨物，如國內與殖民地之原料，與國內之製造品，必須可以隨時取用。國家在和平之時，作戰爭之預備，求生產之獨立，經濟之自足，陸海軍之充實，國庫之豐裕；總之，求強盛與安全，不求多財與幸福。而農業在此種情形之下，各國受不同之影響。英國國家，對於農業，並不忽視；圈地運動之起，演成豪強兼併之局，小農失所依據，政府曾竭力阻遏之，不過未能收效耳。穀類可以輸出時，其所立政策，於穀類之輸出有利；外國輸入之穀類，稅以極高之稅率，以保護本國之農業，苟英國國內穀類之價格已高，則輸入之穀類，不復征以重稅。法國哥爾培（Colbert）施行重商政策之時，則於農業為不利；哥氏恐法國穀類之不足，禁止穀類之輸出，因此農夫出產最低額之作物，以為足應平年之需，而不知一遇歉年，民食即有不足之虞矣。一六七八年至一七一三年之際，倫敦有皇黨之一派，出而反抗重商主義對於國際貿易偏狹之見解。彼等並非欲推倒外國貿易之限制與專利，不過欲使舊式之偏狹的重商政策進於寬大耳。彼等以國家之繁榮為決定公共政策之標準，以貿易差率之順利，為外國貿易成功之標準。在一七五〇年以後，法國亦有趨向於較為自由之重商政策之思想出現，同時更有重農學派（physiocrats），出而主張重農抑商之說。商業既不可少，但以自由爲貴。其主要目的，在建設一地主，佃戶，及田工之強固農業制度；并以農業爲惟一之生產者。

未幾英國有亞丹斯密氏 (Adam Smith) 出，集各派之大成，倡爲放任之說；以農商俱爲生產，宜任令農夫商人自由發展。凡一國之富源，應一任私人之開發，政府不宜有所干涉。除私人自利之外，並不計及公共政策。其結論歸結於國內外之專利，皆應廢除，而建設一自由之國際貿易。英國工業之突飛猛進，本非各國可望其項背，雖撤盡保護關稅，而國內製造，仍能立於不敗之地。農業之情形雖則稍異，一八四六年後穀律 (Corn Laws) 之廢除，使農業受輸入農產品之競爭；初因進口農產品運費之昂貴，英國農人尚不感切膚之痛，至一八七六年以後，鐵路及輪船，十分完備，運費大爲低廉，美洲賤穀源源至英，農夫乃感受非常之痛苦，雖謀種種改善之方法，而至今仍未能恢復焉。

歐洲各國，幾盡效英國之自由貿易；但先後幾皆廢去之。此等國家，鮮願爲此犧牲者，亦鮮有能以製造品與英國競爭者。彼等鑒於英國爲實業之先進國，與力彌漫，可以不必言保護而自能安全，又鑒於英國自由貿易之代價，爲農業之損失，農民之減少，故復歸於新重商政策（neo-mercantilism）之一途。此政策最重要之特點，爲以進口關稅保護國內之生產。德國對於輸入之農產品與製造品，均徵進口稅。法國採用保護政策，使農人可以抵御美洲農產品之競爭，而維持其固有之地位。

最後之問題，爲國家應以農業立國，抑以工業立國，或農工並重乎？丹麥荷蘭愛爾蘭與俄國爲農業國之尤著者。缺少五金與廉價之燃料，實爲農業立國之一因；而俄國則又因其一般狀況之退化。英國則不然，天然之富源既多，商業上又立於最便利之地位，故專務發達工業以求富，遂演成農業之衰敗。而農業之富源，本亦不能完全給養方興之工業人口。英國之政治家，既無先例可循；工業主義之病，亦未有預示警戒。英國之保守黨與社會主義者，則甚希冀農業之恢復；自由黨與工人則安於現在低廉之糧食，不願犧牲現在所享之利益。其他若法國則事實上農工並重；德國事實上亦農工並重。普法戰爭後，法國失去阿爾塞斯洛爾（Alsace-Lorraine），鐵之來源頓少，煤之出產，本亦不多；而法國所製造之貨物，多含有奢侈品之性質，如絲綢，婦女服裝，瓷器，及美術品之類；故無犧牲農業以發展工業之機。大戰之後，法國復得阿洛二地，鐵之供給增多，將來工業或有振興之望。但一部分之法國人，以爲現在法國多數人民，安居國內，不力求外國市場，製造偏重於質地之精良而不注重數量之多，凡此情形，均可以保持農工發達之均衡，若專注意工業之發展，則農工均衡發達之局將不能保。其在德國，工業主張之猛進，一日千里；德人漸慮長此不已，國家之農業將衰敗，鄉村之美德，將蕩然無存。自一八九七年至一九〇二年之際，關於農業政策之名著，先後印行於世。而關於農業之政綱與信條，漸爲代表農業利益者所倡導，其重要之綱領如下：

一、農業爲基本。

二、國家應促進農業。

三、農業政策須行之以漸，但宜有遠見。

四、土地之分配，須有聰明之見解；務須維持適當之大地產中地產與小地產。

五、農村之人口，須有政治之各種利益。

六、凡已經結婚之耕夫，務使其有自有其田之機會。
七、原料之生產，務使其有猛進與繼續之增加。
八、德國之農業政策，須爲國家之政策，而非僅爲一黨之事。
九、國家與農業利益之關係，須有明晰之瞭解。
十、許多病惡之存在，皆賴賢明之農業政策救濟之。
此等信條，對於英美，均有影響。英國數十年來，頗有恢復重農之重要討論；美國之政黨領袖，對於農業亦極注重，而國民全體，亦漸覺農業問題之重要；歐戰以來，此種趨勢，尤爲顯明。

第七章　英法德三國農奴制度之衰微及當時之農業情形

(一)英國農奴制度之衰微　欲明十九世紀以來歐洲農業發達之歷史，至少必須將英法德三國近古之初之狀況，述其梗概。英國在十三世紀之後，農奴制度逐漸衰微。其原因一由於農奴所應輸供之物產及勞力，至後漸變為確定的義務，因此可以避免地主之婪索，且有預知應供何物之便利。第二原因則因貨幣發達，農奴應輸供之物產及勞力，均折合租金；此於地主與佃戶俱有利益。地主能用所得之租金以僱工，因之可以增加其田地生產之效率；佃戶既不必在地主之田地耕種，又不必再以剩餘出產完納捐項，故能專心以種植自己之管業，且可坐待善價以出售有糧食雞豚。佃戶且成自由之勞動者，可以自由離去食邑，非復如以前之農奴矣。十四世紀以後，自由佃戶更發達，此種折合付租之辦法，一經議定，即成嚴重之契約，不易改變。在十六世紀中，物價漲高，貨幣之購買力低減，納租之辦法，利於農人，不利於地主，然以前訂定之契約，仍繼續有效。

農奴之得自由，除上所述折價納租外，亦有由主人釋放（manumission），或因地主信教，或因地主仁愛而出此者。但普通此種恩惠，常由金錢購買而得。農奴因急欲聚資以購買身體自由，益奮力勸作。農奴雖可離去食邑，然必須納人頭稅以證實地主之權利。在理論上此種人仍爲農奴，而且可召之回食邑；但實際召回食邑者甚少，即人頭稅亦逐漸廢止。故有許多食邑之內，不必有正式之立法，而農奴多變爲完全自由佃戶。至十四十五世紀，則有許多隸民，因求自由之故，逃入遠處食邑或城市。此種變動，雖非起源於十四世紀下半期，而於十四世紀下半期爲甚。蓋一三四八年至一三五〇年之黑死疫，人口減少，勞資增高，造成經濟界之不寧。一三五一年以後疊次工人法令（Statutes of Laborers）之公布，希圖壓低工資，又使農奴迫而出走。一三八一年之農人叛亂，雖用嚴厲手段壓平，仍爲農奴制度之致命傷。故在十五世紀中，英國大部分之農民，已脫離農奴地位。雖一六〇七年調查報告書中，仍有農奴之記載，其後并有解放農奴之事，但在十六世紀中，農奴制度已無足輕重，地主對於農民之威權，亦日就衰微矣。

（二）英國地主田地農務之放棄　食邑制度破壞之第二主因，爲食邑內部經濟之變遷，即地主田地之轉讓，管業地面之增廣，與公用地之圈入私產是也。在中古時代之初，地主之田地，由農奴每星期耕種若干日；但在十三十四世紀中，勞力可以折算租金，遂至公田之工作，多由傭工任之。但在十四世紀中葉，因黑死疫之故，人口死亡近半，勞工缺乏，工資突增，地主所得之租金，不足以支付其所僱傭工之工資，折租辦法，已剝去地主強迫勞役之權。於是地主漸棄其田地之農務，將田地租借與佃戶。地主爲招徠佃戶起見，往往供給牲畜種籽；但至近代，地主只預備土地房舍，而佃戶則自出牲畜資本。在當時佃戶耕作田地，必較地主自營爲有利，因佃戶有其家人輔助，勞力充裕，不如食邑地主，須多耗委派職員之費用。佃戶力求純利之多，自能減少農業上之費用。地主田地甚廣，普通非佃戶一人之力所能承種，故分租於數佃戶者爲多。租地有一定年限，食邑之地主，既專恃租金度日，於是大多數之農民，皆變爲納租之佃戶。此種納租之農人(farmers)，與租地較小之自由管業人(freeholders)，爲英國勤懇強健之一班自由民(yeomen)之祖。

食邑地主棄其田地農務之後，乃生管業大小不均之結果。蓋在食邑制度之初，不但多數人容易得到田地，並且足以維持管業之實際平均；在十三世紀之前，英格蘭之標準管業爲三十英畝之場地(yardland)，故管業尚稱公平。其後因十四十五世紀食邑經濟之改造，於是一切成規破壞，大半在新秩序之下。地主之租金，或由各佃戶分別繳納，或由少數人併合繳納，均無不可。而勤儉之佃戶，常得租借大地產，因獲利而鼓勵其工作之精神，增加其管業，管業不平均之現象愈著，其結果土地集中於少數人之手。資本式之農業基礎，於是乎立，迨十七十八兩世紀而更爲盛行。

(三)英國圈地之發端　圈地(enclosure)之名詞，所以表示以下四種變化：

甲、敞地制度之破壞，條地合併而成完整之耕地，用柵欄分出地界。

乙、改變耕地爲牧場。

丙、管業之集中由少數人所兼併。

丁、佔據曠地減除或廢止曠地公用權。

敞地制度之缺點：如耕地零星分散，與缺乏個人自動等等，上已言之。當時農民亦知其弊，故在十三世紀後，各地主拋棄其田地之農務，佃戶一有機會，即將零碎條地，易成可以獨力經營之整片地段。在十四十五世紀中，圈佔耕地之事，進行甚速。

至於改變耕地為牧場之圈地，則為另一性質。此事起源於十三世紀，迨十五世紀而始為重要。此事之動機，皆因牧羊業發達而來。牧羊業之發達，半因佛蘭德 (Flanders) 與歐洲各工業中心地之羊毛需要增加，半因英國毛織物製造業之興起。在當時營業狀況之下，牧羊業較之農業為有利，牧羊業需人較少，即令工資高貴，亦不致為該業累。企業家以此為良好機會，且羊毛較之穀食為便於運輸易於銷售。故十三世紀之後，食邑內牧羊業大盛，由地主或佃戶劃定土地，設置界柵，以作羊場 (sheepwalks)。有時祇圈牧場草地，與曠地，但耕地亦往往圈在內，即或不圈耕地，亦不利於佃戶，因牧場草地，與曠地之公用權，本為佃戶所世襲，爲維持生活所不可少，今亦喪失其權利。至於圈佔耕地，於佃戶皆然更不利，因爲要取得此種土地，必須驅逐佃戶。此種受剝削之佃戶，往往在食邑中資格較淺，一經奪去營業，即貧無立錐，不得不恃工資爲生，或淪爲遊民。

圈地之立法，始於十三世紀之前半期，初尚無大弊，至後引起一般人民之反對。在十六世紀中，圈地運動尤爲輿論所不滿。悲天憫人之莫邁斯勳爵（Sir Thomas More），曾於其烏托邦（Utopia）一書中，大放厥辭。自一四八五年至一六〇三年，政府亦屢次圖以立法，限制豪強兼併之圈地制，然而土地改革之潮流，洶湧而不可遏；政府之措施，不易發生效力。故巨富之財產增加，而貧民之數，亦相應以增加，犯罪與騷亂之事，亦層見疊出。因是而有一六〇一年伊利沙白卹病法（Elizabethan Poor Law）之頒布。迨十七世紀以至十八世紀前半期，圈地之事漸少。

（四）十六十七兩世紀中英國之守產法　照英國之習慣法，人民無絕對土地私有權，至今仍然。自一〇六六年諾曼人征服英格蘭之後，土地之最終所有者爲英主，一似中國古時所謂「四海之內，莫非王土。」臣民所得土地上最大之利益為永久借地權(fee simple)，不過為一種租借權而已。按此理論，凡一切執有田地之人，其實皆為佃戶。彼時執有田地者，各等級中，第一是業主，又稱為自由管業人 (proprietor)，有許多地方，約合英革蘭面積之半，為食邑制度所嚮未推行之區，其中土地皆為自由管業人所有，管業之地，大抵較小。一個食邑之全部，亦可視為一個自由管業，即業主之財產。一個食邑之中，至少有三大類地租：即自由管業 (freehold)，租借管業 (leasehold)，又謄券管業 (copyhold)。三類之中，自由管業雖發生稍遲，然最為人所滿意。食邑內之自由管業人，亦是佃戶，彼等用種種方法，竭力掙得此地位，受習慣法之保護，可免圈地之侵占，與他種婪索。租借管業人 (leaseholder) 為地主農務廢止之後，將其土地租與之人，往往連同沒收之佃地與由曠地開墾之田地，一併租與。租借之期限，或有一定，或隨地主之意。有定期者，當然較為確實可靠，但期滿亦可退租，故租借管業人，不能免圈地之波及。謄券管業人 (copyholder) 之身分與權利，發生於業主交給佃戶之記載册，因各地情形而別，無劃一之辦法。大體言之，謄券管業人原無法律之保護，在圈地進行之始，貴族僭奪憑券管業人之地產，不爲違法。至十六世紀後，憑券管業人受法律之保護，僭奪行爲始漸少。

（五）法國之農奴制度　法德二國在中古時代及近古之初，農田情形，各處相異，較之英國爲甚。就農田上著眼，法國可以洛阿爾河（Loire），分爲南北兩大部分；而北部又可分爲東西二區；東北區乃封建制盛行之區，食邑組織，最爲普遍；西北區中情形甚爲複雜，在諾曼台大公爵權力全盛之時，封建制度頗受打擊，然而以食邑爲基礎之農業組織，仍未絕迹，但在勃列坦尼（Brittany），封建制度，甚無勢力，貴族亦甚貧苦，食邑制亦不甚通行。洛阿爾河之南，雖有封建制度存在，但食邑制不甚發達。

在食邑制度盛行之處，農人均爲農奴；但卽在同一地方，農奴之身分，亦有差別。農奴制最盛行於東北區，在一七八九年大革命之前，此種農民之生活，甚可悲哀；其所負之義務亦困苦難堪；貴族對於農奴有征稅，徵役，通用品獨占權，受款待權（gite），與軍役權。在十三世紀以前，農奴祇能與附著之田地，一同出賣，實與牲畜無異。但在十三世紀中，農奴解放之事，已醞釀成熟，一似英國所經之歷史，農奴因將勞役折成金錢，而取得自由又有許多農奴，因逃亡而得自由然而自十三世紀至十五世紀，大多數農民之達到完全自由地位，由貴族自願解放者居多。至於貴族何以自願解放農奴，則有種種解釋；或以爲出於敬天信神與人道主義之思想，或以爲貴族希望生產力之增加，或以爲因貴族希望籠絡農奴之心，使其留在自己領域內，而不致私逃至他處，此種揣測，皆有一部分之理由。然而解放農奴最重要之原因，乃因貴族急須金錢。十二世紀之後，習俗日奢，十字軍之出征，與他種事業，均需鉅款，一班貴族之用度因之激增；農奴乃得因利順便，以現款易得自由權。農奴之解放，不僅見於貴族之地產與教會之田地，即君主私有地產之農奴，亦漸解放。君主領地中最後一班農奴，乃由魯易第十，於一三一五年宣諭在隨後四十年中，漸次解放。

（八）十八世紀中法國之農民狀況　農奴既漸逐解放，食邑制度日就陵夷，於是法國農業情形之變更有可得而言者：第一農民皆得到法律上之自由；有人估計在一七七四年魯易第十六即位之時，法國在法律上非完全自由之人，未曾超過一百五十萬，在大革命爆發之前，其數更少。第二農民中多有成爲地主者。此一部分人數，究有多少，未易確實斷定，但據史家之考證，在一七八九年法國全國土地五分之二屬於第三階級 (third estate)。所謂第三階級，多指農民而言。在十八世紀中，法國農民佔有土地之數，時常趨於增加。在大革命之前，法國以廣有小地主著稱，不亞於今日之法。至於無地產之自由農民，其中有一部分爲傭工，而過半數（以洛阿爾河以南爲甚）爲分益農 (métayers)，即君主貴族及僧侶之田產上之佃戶，分益耕種 (métayage)。佃戶向地主借家畜農具種籽等，而納其收穫之半或半數以上於地主之法。

法國在十九世紀農業機器輸入以前，農業之技術與十三世紀時，大體相同，無甚變更。

(七)中古及近古之初之日耳曼農業狀況　日耳曼中古時代及近古之初之農業發達，如法國然，可以地方區分爲三部：

(一)西南部　(二)西北部　(三)東部

西南部包括現今之巴范里亞 (Bavaria)，巴登 (Baden)，威登堡 (Württemberg) 三大邦。在中古末葉，農奴制在北區最爲盛行；其間之法律及慣例，在在足以使自由人變爲農奴。私人所掌有地而自始即較歐洲各處爲小；而且各地法權，互有侵越，遂至農奴對於五六業主，同時負納稅與輸役之義務。在十五十六世紀之際，許多勞役，均折錢完納；同時有數種捐項，（如巴范里亞婚姻捐，）亦漸廢除，農奴制乃日就陵夷。當時亦有解放農奴之舉，大率以金錢準折，與英法相去不遠。在秩序紊亂之時，在上者互相攘奪捐項與勞役，農人轉可避免各種義務。有許多農民，因欲求自由，避苛政，故皈依僧侶。至十八世紀中葉之後，種種不良制度，漸爲強大貴族之力所廢棄，有許多人因此而成爲自由之民。三十年戰爭，亦促進農奴之解放。大致說來，一六五〇年以後，農奴制度，祇存於偏僻之地。然而在十八世紀最後二十五年以前，並無一邦，將此種制度正式廢除。正式廢除農奴，乃始於一七八三年之巴登邦。此後日耳曼西南部田地之大部分，次第入於小田主之手。故該部與法國相同，大地主並不多，與其餘日耳曼地方不同。西南部至今仍爲德國農民政治勢力之主要區域。

西北部包括下撒克遜奈（Lower Saxony）與維斯法里亞（Westphalia）及附近

各地。其農業情形，與上不同。在西北部昔日爲佛蘭克帝國（Frankish Empire）一部分之各區中，早已發生由一種農奴耕種之終身租借大地產，名爲「終身租地」(Meierrecht)。故土地絕未分析如西南部之狀況，而大地產制度，隨時盛行。至十四世紀時，農奴已完全解放，無待以法令廢除；地主往往將農奴之管業，集成大農地，轉租與有力經營此等農地之強幹農民，同時有許多農人，即成爲傭工。

東部　東部在愛耳勃河（Elbe）以東，從前曾一度爲斯拉夫人（Slavs）所占據。至第九第十世紀以還，東部地方又爲日耳曼人所占據。有一時期大部分斯拉夫人，實際上均屬奴隸。到十五世紀時，日耳曼與斯拉夫兩種人民，均因完納地租於大地主，而變爲自由農，其所負公家義務甚重，尤以捐助軍糈爲甚。但彼等對於業主，不作卑賤之勞務，可以自由婚配，自由離去鄉土，可由承繼權利，而保有管業，與英國之謄券管業相同。

但農奴制度，依舊發生於東部地方情形安謐之後。一班武士回至農地，引起土地之爭，剝奪農人之田土，藉故沒收農人之管業。在此情形之下，農民之利益，非但剝削盡淨，并受種種束縛，須付地租與地主。而且應完納之捐項與勞役，與第十世紀中法國及英國之農奴，不相上下。直至三十年戰爭之前，農人應輸之勞役，始折定金額。但經過長期間之戰爭，農民非但遭刼掠之苦，且以勞役折成定額金錢之保護，亦為之銷滅，農人子女，仍須為業主作家庭役務，但不納金錢。農人若欲逃入城市，以求自由，則非法律所許。故簡括言之，到一七〇〇年時，在東日耳曼本部，以及悉勒西亞（Silesia），里芳尼亞（Livonia），愛司笞尼亞（Esthonia），從前之許多自由人，皆降為下等農奴。同時俄國之情形，大致相仿。十八世紀上半期中，東日耳曼本部等地，農人常不隨土地而被買賣，竟與奴隸無異。十八世紀之初，普魯士政府，力謀救濟農人之法，曾下令鼓勵解放農奴，但政府之辦法，未能收效，農奴制度，繼續盛行；直至一八〇七年，經燕那（Jena）及奧尼斯打（Auerstädt）兩次戰敗之後，此種制度，始行廢除。至今德國東部，仍以雇工耕種之大地產為最通行，小地產不過偶一遇之耳。

第八章　英國十八世紀下半期以來農業之變化

（一）十八世紀之農村狀況　英國之工業革命，始於一七五〇年，而完成於一八三〇年之際。但工業革命與農業革命有密切之關係，二者實相伴而生。所謂農業革命，簡單言之，即爲土地之管理權及所有權集中於少數業主之手，圈圍公用地之復興，小地主與佃戶流落而爲農業傭工，或完全失去其農業工作。此種變動起於十八世紀之末，日甚一日，直至一八四五年爲止。

欲知英國農業革命之性質，必先明瞭英國十八世紀中葉之經濟情形。第一，英國就大體言之，此時仍是農業國家；直至一七九二年，糧食出產漸不足供本國消費之用，不得不仰給於輸入之糧食，乃失去其農業國之地位。一七五〇年以後三四十年，耕田仍爲勞力者之正業，城市生活，雖然日漸發達，然並不十分重要。第二須知當時田地多屬於小業主，此等業主，有爲永久借地之業主，有爲古昔食邑中之自由管業人，有爲租借管業人，有爲憑券管業人，雖有合併地產而致原主失業之事發生，但就全國而論，大地產制度尙未盛行。他如租地之方式與耕種之方法，仍與曩日相同；鄉間二田制與三田制，一仍舊貫，未曾變動。第三層爲農業仍兼家庭工業，農村之家庭，同時以耕田紡織與別種工業，維持生活。英國製造品之產額，即在十八世紀中亦甚多，而大部分係農鄉工業之出品。第四層在十八世紀末葉，此等兼有農工二業之多數人民，其生活狀況，較之以前任何時代爲良，較之他國農人爲樂。由上觀之，可以推知英國農工業之革新，與法國殊不相同；蓋英國之革新，並非出於階級運動，乃爲經濟界自然之趨勢所醞釀而成，多數工人並不要求此種革新之實現。在革新之初，圈用公地，破壞家庭工業，興起工場工作，工人麕集於都市，農工未獲其利，反受失業與貧困之害。

(二)資本主義之發生　農業革命爲各方面所促成，但其中重要之現象有四：

(甲)應用資本於農務企業。

(乙)農業機器之利用，及農業技術之改良。

(丙)圈用公地之復興，奪去租戶附屬而不可少之生活之資。

(丁)土地集中於大地主，成爲現代英國農田制度之特徵。

在十八世紀資本主義發達之前，英國賤視工商，頗與中國古代相同。千百年來，惟大地主之地位最爲尊榮。但在十八世紀之時，資本主義發達，因工商起家之資本家，駸駸乎與大地主分庭抗禮，亦可以躋於縉紳之列。當工商業資本主義發達之時，農業者亦利用資本式之生產。十八世紀開幕之後，地主漸用巨額之款，以改良土地，試驗耕種，購買機器暨肥料，與改良耕種法。此種投資，收效甚遲，非有進取心與冒險心，不克爲之。但農業經營之進步，與科學方法之應用，在在足以減少勞力之需要，大規模之耕種方法，使小地主無法競爭，於是土地愈趨於集中而成大地產。

(三)農業技術之改良　農業革命之第二種現象，爲農業技術之進步。此種進步之原動力，乃因一七六〇年工商漸興，人口與財富相應增加，農產品之價值日趨昂貴。故至十九世紀之初，農業技術日漸改良，以圖生產額之增加。科學的輪種法，代休息地力之方法而興。

天然肥料與人造肥料之利用漸廣，更利用黏土灰土以變化土質，使適於種麥。改良之牛羊種，飼養時費極大之資本，且多有自海外輸入者。馬力推動之打禾機，在一八〇〇年之際，即通用於市上。一八三〇年之後，洩水方法改良，於是膠土更利於耕種。農戶俱樂部，與牲畜展覽會，增加甚速。一七九三年有農業部（The Board of Agriculture）之設立，辛克萊（John Sinclair）為部長，楊亞素（Arthur Young）為秘書，賴此二人之力，以輸入新種籽，新農器，改良耕種及牧畜方法。

（四）圈地之復興　一八五〇年以後，圈用公地之事，又復遍行各處。圈地復興之原因有三：第一原因，由於工業發達，人口繁殖，食物之需要增加，農業利益隨之而增。第二原因，由於國會為地主之勢力所操縱，故便利圈地之立法，甚易哉過會通過。第三原因，由於經濟學家，亦提倡圈地，斯密亞丹其尤著者。斯氏之意，過於細分之畝地制度，足以阻礙科學方法之採用，減少田地之純收益，欲使本國經濟，維持其自足之地位，必須利用農業富源，故斯氏主張以大資本開發大農地。

圈地復興之主要時期，在一七六〇年至一八四九年之間。此種變動，自一八〇〇年至一八一九年之間，達於極點，其時被圈之地，在三百萬英畝以上；至一八五〇年之時，未圈之地已無多。此時之圈地，取性質與十四乃至十六世紀之圈地不同；蓋現在圈入之地，大抵用以耕種。照例凡圈地須設法以田地或金錢，補償原主損失之權利；但小地主仍蒙不利之影響，因小地主從前除自耕其地之外，其牲畜家禽可至教區之公地覓食，現在公地爲人圈去，不得不自己預備牧場與草地。農人退出公用地權利之時，雖獲得金錢之補償，然得不償失。大地主應用資本於農業，採用小農所不能採用之稼穡方法，使小農日漸淘汰。加以家庭工業制度之破壞，小農更無補助生計之方法；故多有流入城市爲工場之勞働者，或移往美國。夫圈地之事，雖有豪強兼併之弊，然同時使農業之生產力，有極大之進步或以爲圈地後所用之耕種法，其生產額二十倍於從前用陳舊耕種法之時。英國史家威爾士(H.G. Wells)曾謂圈地之變革，不足爲病，其弊乃在因圈地而發生貧富之不均，土地集中於有特權之階級，而社會蒙其害也。

（五）土地所有權之集中　英國農業革命之第四種特徵，即土地之合併而成大地產，及農村人口之重新分配，是也。食邑時代之貴族（即當時之地主）現在變爲大地主，更因合併其他土地而地產更大。此外以實業起家之資本家，常爭買自由管業人之田地，故合併土地之進行愈速，地價亦愈貴。在一八一五年和平恢復之後，農業物價低落，自由管業人多將田地出售於資本家。又因無數新進資本家，與舊日地主通婚之故，地產之合併，更進一層。至一八四五年時，土地之集中已達極度。

農業革命之結果，農村社會發生三層階級，至今仍然有此區別。此三種階級即：

甲　田主（land proprietors）此種人將其大地產租與農戶，以取得租金。

乙　農戶（farmers）此種人既無土地所有權，又無與田主或農業勞工直接一致之利害關係，祇在租得之土地內經營農務，如企業家之求利然。

丙　農業勞工（agricultural laborers）此種人既無田地，亦不經管田地，祇尋工作，以爲餬口之計。

（六）海外穀類之輸入與穀律　但當時農業，尚有大於土地集中之問題。蓋英國自外洋交通改良以來，海外廉價之糧食與原料，源源不絕而來，而國內之農業自難與之競爭也。夫工業革命後，人口突增，需要大量之農產，是以英國國內農業大爲擴充，但麥與麥粉之進口仍年有增加，平均每年之進口在一八一一年至一八二〇年，約有四五八，〇〇〇官斗（quarters）每官斗合八蒲（bushels）；一八二一年至一八三〇年，每年平均約爲五三四，〇〇〇官斗至一八三一年至一八四〇年，則平均每年之進口約增至九〇七，〇〇〇官斗。最後自一八四一年至一八四九年，平均每年之進口更增至二五八八，〇〇〇官斗；蓋半由當時愛爾蘭番薯之歉收，食料缺乏之故耳。至於小麥之價格，自一七七〇年至一八一九年之五十年中，每年平均之價格，均有增漲；但英國農人並不因此而獲利，因小麥之價格劇烈變動，有時因歉收而漲價。一八〇〇年之小麥價，每官斗爲一一三先令一〇辨士；至一八〇一年，增至一一九先令六辨士；至一八一二年，更增至一二六先令六辨士。此後三年，收穫較豐，是以於一八一五年，仍跌至六五先令七辨士。當拿破崙戰爭以後，農產品價值降落，英國發生異常危險之情形。於是增加農產物之進口稅，以減輕國內佃農及地主所受外國農產物之廉價競爭，乃爲農業界所急切要求。因欲保護彼等之利益，故於一八一五年，通過著名之穀律（Corn Law）。此法載明外國之麥，不得進口，除非國內之麥價，每官斗漲到八十先令以上，（每羅約合美金二元五角）其他之穀類，受同樣之保護。一八一六年及一八一七年，農業收成欠佳，故一八一七年，價值漲至九十六先令十一辨士。此後則日漸低落，直至歐戰發生爲止。但其中亦有數年爲例外。然一八七五年以前，五穀之價雖跌，尚不甚危及農人之地位。

一八一五年之穀律，於一八二八年加以修改，當麥價高至五〇先令一官斗時，即可進口，惟須付三六先令八辨士之進口稅。若麥價漲至七三先令，進口稅即減至一先令。延至一八三二年，復爲更變，若麥價高至五〇先令，即可進口，祇須付二〇先令之進口稅。若價值增至六五先令，則稅率低減爲七先令。

穀律所予農人之保護，不足以改進農業之一般情形。小地主及佃農，因地租之高，及無力獲得必需之信用，感受非常之困難。彼等不願負債以度其貧苦之生涯，往往棄其田園而至工廠作工；於是土地集中之趨勢，進行更速。一八三〇年以來，農業技術之變更，發生顯著之勢力，內地交通方法之改良，予農產之分配以極大之便利。當時為英國運輸發達，又採取保護政策，國內之食料，宜可以自給，無須倚賴外國，而實則不然。此種繁重之保護關稅，不久亦即廢棄。

（七）自穀律之廢止至一八七四年　英國自一八四九年至一九一四年之農業，更可分兩大時期，第一時期自取銷穀律（一八四六年乃至四九年）之時起至一八七四年止。第二時期，自一八七五年起，至歐洲大戰發生止。穀律久為哥勃登（Richard Cobden）及反對穀律聯合會（Anti-Corn Law League）所不滿。因此種法律，祇利於地主階級，而不利於其他民衆；海外穀類，不能自由輸入，消費者常感糧食匱乏之苦，有時外國糧食，雖准其納稅輸入，而國內災象已成矣。且英國當時之情形，欲圖糧食自足，為不可能之事，不如以製造品易海外之糧食為得計。故穀律卒受激烈之反對而取消，從此英國入於自由貿易之時期。穀律取消後農業繁榮如故，雖價值暫時下落，仍不足爲慮。以前贊成穀律之無甚理由，於此可見。蓋從事工業之人口，迅速增加，國內糧食供不應求，輸入外國食料，乃補充本國之缺乏，非排擠本國之食料也。

於一八五〇年以後，科學之洩水法，大爲盛行；祕魯輸入海島之糞，及南美輸入之骨，皆爲人造肥料之用，前者用於植穀類之土地，後者用以植根作物（root crops）之土地。新種籽亦源源輸入，輪種法廣爲引用，農具亦有同樣之進步，改良之耒耜，鋤犂壓土器刈草打禾等機器，皆已引用。英國農業能維持其相當之繁榮，直至一八七四年之際而不弊者，皆由於此等革新之故也。除一八六〇年外，歷年收成均佳，價格雖有時甚低，但獲利甚豐，大半由於加利福尼亞（California）及奧大利亞（Australia）發現金鑛，貨幣之數亦增加，直接使工商有蓬勃之氣象，而間接予農業以無形之利益。

（八）農業之衰落　十九世紀最後之二十五年，英國農業大爲衰落；羊病，家畜瘟，以及歉收，爲最重要之原因。在一八七四年以前，英國農產物所遇之競爭，大部限於羊毛及重要之五穀；英國麥地所占之面積，尚不爲少。但一八七五年，一八七六年，一八七七年，尤其是一八七九年之歉收，使鄉農全體，感受最大困難。一八七九年時，因病而死亡之羊，約近三百萬頭；家畜又因受足口病及胸膜肺炎病而死者不少，農業收穫之數，自一八〇〇年以來，未有低於此年者。若此種情形，爲一時之現象，則稍加努力，卽可恢復原狀。但不幸而繼續永久，使英國國內之農業生命，根本動搖。於普通情形之下，英國本可輸入外國食料，直至因歉收所受之損失恢復爲止；但國內脆弱之生產者，與得到天然利便之農業國家，實難立於平等競爭之地位。加以世界農產之激增，五穀之跌價，英國農人之地位，更爲危險。自一八六六年至一八七〇年，小麥每年平均之價（每英官斗 imperial quarter）爲五四先令七辨士，後此五年，漲至五四先令八辨士，但自一八七六年至一八八〇年，跌至四七先令六辨士。後數年價又稍起，自一八八四年以後，情形又變爲險惡。自一八九一年至一八九五年，每年平均之價，竟跌至二七先令以下。以前收穫不佳，價格卽漲，但現在外來之競爭，完全改變此種情形；舟車之改良，海陸運費之減低，使外國農產，更易接近英國市場，而增加英國本國生產者之困難。價格繼續低廉，直至二十世紀開始以後，始稍爲增漲，而地租亦有同樣之情形。以前之保護關稅，又已廢弛，外國之農產品，又遠超於其本國之需要，故源源不絕而至英國，以交換英國之工業品。美國極大之產麥區域，足以影響世界市場。阿根廷，印度，埃及，俄羅斯，巴爾幹諸國（Balkans），及最近澳大利亞，加拿大之麥地，亦迅速增加世界食物之供給。

總之自一七五〇年以後，英國農業衰頹，一蹶不可復振；其最見重要者，則爲耕地面積之減少。奧爾温（C. S. Orwin）綜論一七五〇年以後英國農業之狀況，歸結於以下四端：（一）凡穀類作物之耕地面積，盡行減少，而以小麥及大麥之耕地爲最。（二）凡根作物耕地之面積，除一二地外，盡行減少。（三）羊羣畜養之數目減少。（四）牛乳業之發達。

在歐戰之時，因欲增加糧食之供給，小麥之耕地面積，於一九一八年增至二，七九六，〇〇〇英畝。戰後又復減少，在一九二〇年爲一，九七九，〇〇〇英畝。

（九）英國救濟農業之各種辦法　一八七五年以來，非特耕地之面積減少，鄉村人口之減少，更爲迅速。在一八七一年之際，英格蘭與威爾士之農業勞工者，約有一，四五七，〇〇

○人。至一九○一年，祇有一，一九二，○○○人。於是國家與私人，咸慮農業日就衰微，思以種種方法救濟之。其大體不外乎增加鄉村生活之興趣，使小管業數目增加，一部分之工業人口，可以重返故鄉，普通及專門農業教育之灌輸，促進農業勞工之團結，提倡信用及購買合作社之設立是也。但英國農業之衰敗，實爲工商業發達之代價；蓋從事於工商業，有較好之機會。今欲故意增加一物之生產，用人爲之力以抬高其價格，不顧消費者之利益，實爲不健全之經濟政策。故以上種種方法，若行之有效，雖可使數種農業，能與海外之農產品，在本國市場競爭，然決不能使英國糧食自足，不仰給於海外也。政府即使能有此力量，（就事實言，即使用精耕法，亦不得不仰給於海外，在一九一四年，英倫三島食料之仰給於國內者，祇居五分之二）英國亦將因此而受損失，蓋國際間分工之利益，適合於國民性及天時與地理之工商業，將受莫大之犧牲也。茲將以上所說英國救濟農業之辦法，一一敘述如下：

（甲）分地及小管業之政策　欲救濟農業一部份之困難，使農夫或恃農業爲補助生活之人，有地可耕，故英國曾數次通過法律，使小農易於租地及購地；其最著者爲一九○七之小管業及分地條例 (The Small Holding and Allotment Act)。所謂小管業者，乃指農業地產自一英畝至五十英畝者若面積過五十英畝，而每年純收益不及五十鎊者，亦謂之爲小管業；所謂分地 (allotment) 者，乃指五英畝以下之地產，而其目的祇在使農人得一部分生計之補助者也。案此條例，各州議會可以強制向地主收買土地，然後再由議會出賣或出租於小農。原來立法之意，欲使耕者有其田，本願出賣田地於小農，而結果則租者極多，買者極少，不能如立法者之所預期，然較之從前，已改良多多矣。而勞働黨與自由黨中之一派，猶以此爲未足，而唱導土地國有之說甚力也。

(乙)農業教育之進步　英國之農業教科，雖不及歐洲大陸各國之重要，然數十年來，確有切實之進步。自一八八九年設立農業部 (the Board of Agriculture) 以來，監督教育之事，已分隸於農業部及教育部。農業部主管專門農業學校，教育部主管各州議會教育委員會所辦之低級農科教育。中央與地方政府，均有補助農事試驗場及農業專門學校之的款，使其從事於植物病理學，植物發育法，果子栽種法，牛乳滋生法，及農業經濟等之研究。在一九〇九年之後，農業推廣委員會(Development Commission)更有農業研究之遠大計劃，雖因英人偏於保守性，拘於經驗，尚不能使農業教育之設備十分充足，然就其每畝生產粒觀之，英國農人並不弱於他國之農人也。

(丙)農業勞工之組織　農人欲改良其經濟及社會之狀況，必須有團結一氣之組織。大不列顛於一八七二年曾有全國農業工會(the National Agricultural Laborer's Union)，但未幾即停止。一九一四年之後，農業工會之組織，進行甚速。在一九二〇年，全國農業及鄉村工會(the National Agricultural Laborers and Rural Workers' Union)有會員約二十萬人。

(丁)提倡合作　農村合作在德，法，意，及丹麥發生較早，成效較良；英倫三島，則瞠乎其後。除愛爾蘭之信用合作銀行，有相當成績外，一九一五年英格蘭與威爾士之信用合作社，不過四五十所耳，而德國有一萬七千社，相去奚啻百倍。蓋個人主義深入於英人之心理，不喜旁人與問其私事，監督其自由，注重連帶責任之信用合作社，非英國農人所喜，不得不向放債之私人貸款，利息奇重，不言而喻。故於一九二三年七月，施行農業信用條例(Agricultural Credit Act)，照此條例，農民可組織信用合作社，向農業部請求貸款，其所貸之款，以不逾合作社股社之額為限。此條例實施後之成效何如，因為日尙淺，不能斷定其優劣也。

英國對於農業救濟之政策，雖如上述，而各政黨所注重之政策，不盡相同。自由黨則欲以改造土地所有權，與改善農業勞働狀況，竟其功。統一黨則欲以徵收食糧與原料之輸入稅收其效。而現在（一九二九六月）勞働黨之內閣，照其立法與行政之計劃，則主張：(一)田地轉為公有；(二)確立農夫租地權之安全；(三)以便易之條件，供給借款；(四)用集合的收買外來糧肉之方法，穩定物價；(五)發展集合的運銷法，以免除靡費；(六)在農村區域設立電化與運輸之有效率的事業；(七)規定充分的最低工資及適當工時，以保護農業工人；(八)改善農務區域之衛生，居住及教育設備；(九)供給小規模置田之便利；(十)迅速發展農區之住居計劃。

第九章　法國一七八九年以來農業之發展

(一)法國大革命之影響及小地產之特色　就大體言，法國一七八九年至一七九四年大革命之完成，爲歐洲經濟解放之第一聲。一七八九年之際，農奴在法國之鄉村人口中，仍居重要之地位，在東北部爲尤甚，其較重要者爲免役之租戶(censiers)。彼等領有管業，對於地主，照成例付定額之免役租（法文 cens 英文 quit-rent）因此無其他徭役。此等免役租，既在數十年或數百年以前所定，現在物價漸漲，貨幣之價值漸跌，故免役租戶之實際負擔，異常輕減。除免役租戶及自由地主之外，更有分益租戶(métayer)，在大革命以前甚多；由地主供給一部分之營運資本而與租戶互分作物，地主享二分之一，或三分之一以上之作物，地主往往有借納租之法，而征收從前封建制度遺下極重之負擔者。除以上所述二種租戶以外，又有普通之租戶。但法國極少大地產，與英國之情形，截然不同。法國農奴衰落之後，土地管業並無集中之趨勢，故小地主得以發達也。

大革命對於農業之效果為解放農民，廢除封建制度之一切餘孽，與改善租地之條件；而農業之技術尚無大改變。革命政府解放農奴，進行頗為順利，免役租戶在革命之後，可以毋須再納地役租而得其土地。凡分益佃戶所負之封建義務，今皆豁免而分益租種，則仍不加阻止。研究經濟史者，或以為現今法國小地主之盛行，為大革命之結果；其實不盡合乎事實。法國農地之分為小地產，在革命前久已進行，小地產之數，已不在少；但大革命後小地產之發達愈速。蓋食邑制廢止之後，土地開放，可以為多數人所有，小農皆頗為地主。大革命時之政府又注重均分遺產（egalitarian inheritance）之原則，拿破崙手定之法典，規定立遺囑者，必須將財產總額由子女平均承襲，不得有男女長幼之別。非似英國之遺產制度，採用長子繼承法（primogeniture），致阻礙小地產制進行。加以革命時所沒收之皇室地產，出亡貴族之地產與教堂地產，在一七九〇年至一七九五年間陸續出賣，地價低廉，繳價期限，可分為十二年以上之時期。農民之土地所有權，較之以前為確定，而又無苛細之負擔。故美儒嘉凡爾（T. N. Carver），曾謂法國大革命所得結果有一事經濟上差堪注意者，即農民土地所有權之比較確定是已。

（二）法國之土地守產法　自大革命以至今日，法國爲小地產極發達之國家。然而均分遺產之法律，亦有許多經濟學家，指摘其缺點。蓋地產一再分析，必致分成極零星之面積，不能利用較費資本之新式機械，以從事耕作。法國之農夫，不能如美國之多用資本高貴之新式農業機器，本無力購置，僅能購置價值稍廉之新式農具，并格外勤勞，以從事稼穡耳。戰前法國有地十公畝（hectares）（合二·四七一英畝）以下地主之數，約有三百萬人，此項地產，約居法國耕地面積百分之二十。其餘爲七十五萬地主所有，而地主大抵自行耕種。小地主之數，頗有繼續增加之勢。法國農人頗有愛鄉之情，英國圈地之事，非法人所願，耕種雖甚艱苦，而農人尙能安其居而樂其業。斯密亞丹所謂「財產之魔力可使沙礫變爲黃金，予人以一片磽确之土，彼能將其變成園圃，」觀於法國各農區而益信。法國各階級利益之調和，與社會主義革命之絕少，小田主之多亦一重要原因也。

其後塵。

（三）十九世紀以來法國農業之概況　當英國變爲工業國之時，德國亦急起直追，步其後塵。而法國則至今仍爲農業國；法國之財富多出於土地，其人口之半數，以農爲業。而在英格蘭與蘇爾士人口中之務農者，不過居十分之一；在德國不足三分之一。十九世紀以來，法國農業之進步，過於歐洲各國，祇有比利時與丹麥差可與法抗衡。在拿破崙時代，佛蘭德與英國之輪種方法，皆爲盛行。自一八一五年至一八四七年之際，農業進步愈速，鄉村益臻繁榮；國無外患，人民安居樂業，是以每年約增加人口二十萬人，各種農產品之增加亦甚速。一八四八年之後，直至十九世紀之終，農業不復有以前之盛況。其原因甚爲複雜：或由於政治一時之不寧，或由於對外之戰爭，而一八七〇年以來外國糧食之競爭，英國農業因此而受致命之傷者，法國亦未嘗不受其影響。其他又有一原因可以使法國之農業減退者，農業之資本頗有移而投於他種較有利益之新事業者。而一八七三年以來葡萄之蟲災，使法國之農業受損不淺；蓋法國之葡萄業與酒業其重要僅次於小麥也。農業既因種種關係而有不振之勢，政府乃不得不實行保護關稅；一八八三年之後，對於各種進口之穀糧，咸徵以進口稅。主張保護稅則之理由，則因鑒於美洲等廉價糧食之競爭，若無保護關稅，農人將不能繼續生長其作物，法國穀糧耕地面積之半，將廢置不耕。又鑒於國際間風雲變幻，一旦有戰事，則能自給其糧食者，其地位自較優勝。案法國進口稅之效果，不在增高價值，而在防止價格之過度下落。在平時法國爲食糧自給之國家，其價格並不高於倫敦世界市場之價格；在歉收之年，其價格始較高於倫敦市場耳。設遇豐收之年，則雖有保護關稅，亦不能使穀糧之價格不跌落也。故保護關稅之作用，乃在反而救法國農業於垂危之際，而爲農人之保障耳。

法國農業之技術，在一七六〇年以後，頗有進步。新式之農業機器，輸入甚多；在一八六二年之際，法國有打穀機十萬以上，其中約有三千座，係用蒸汽動力。而科學之輪種法，土壤培壅法，與施用肥料法，均有顯著之進步。其出產品之種類又極多；小麥，葡萄及酒，爲大宗出產；其次爲黑麥，大麥，蕎麥，燕麥，玉蜀黍，水菓，番薯，乳酪製品，每年產額亦頗巨。種植穀類之耕地，占總面積三分之一；而在一九一四年之際，其小麥之出產額，在歐洲僅次於俄國。

惟法國之鄉村人口，則與英德等國相同，亦有移居於都市之趨向。在十九世紀之中葉，從事於農業者，居全人口四分之三；其後鄉村人口之比例，逐漸減少，至一九〇六年之際，全國人口為三九二五二二四五八，其中鄉村之人口，祇居百分之五七·九云。

(四)鄉村合作之發達　鄉村合作之利益，在十九世紀之中葉，已可於德國之農業歷史證明之。一八八四年時，法國以新法律廢止從前各種職業結社之限制。從前之法律，凡有會員二十人以上之結社，非經政府許可，均不得先行成立。一八八四年之法律，規定凡專以農商業經濟利益之研究及保障為目的之結社，可以不須特別批准而成立或繼續，而且此類結社，都能享有完全之法律權利。於是工會及合作之組織，進步甚速。他國之合作經驗，固能使法國得到極有利益之教訓；但合作互助之事業，在法國早已萌芽。一八五〇年以前，早有交換智識改良農業技術之結社，如農民會(comices agricoles)，即其一種；又有公利合作社(associations syndicales)，事以共同舉辦灌溉泄水，以開墾荒地等公利實業，大抵為地主自願組織，或由政府所強迫而組織。從農人之立足點觀察之，比較重要者，為賣買合作社(syndicats)。其組織之目的，在於使農人得共同購買肥料農具種籽等利益，或共同銷售其農產品之利益。此種合作社之社員，不僅限於耕夫；如地主之代理人，農具及人造肥料之製造家，均可入社。但多數之買賣合作社，地主人數最多，而新社員入社之時，亦有一定之限制。其經營之實業甚多，如藉教育之力以增進社員之幸福，並嚴防攙假及其他詐偽行為。除買賣合作社之外，又有運銷合作社，生產合作社，在牛乳業及釀酒業，頗有顯著之成功。

各地之買賣合作社，因組織區聯合會而功效益著。原來此種賣買合作社，並不經營信用與保險之業務；但合作社日形發達，其業務亦日漸擴張，於是保險與信用亦加入於其業務之中。一八八四年以後，農業合作社有倡辦信用合作社而有良好效果者。同時又有杜蘭集款會（Caisses Durand），為里昂（Lyon）律師杜蘭所首倡，係地方團體所組織之互助會，每會員均負無限責任。

（五）法國國家援助合作社之方法　法國農村合作社，缺乏自動之精神。政府為提倡合作事業起見，乃有一八九九年法律之規定。照此法律，法蘭西銀行須放四千萬法郎免息之農業貸款，及另外每年加放二百萬法郎以上。此等款項，均不直接放於信用合作社，乃經農業相互銀行(Crédit Agricole Mutuel)而放於州區信用合作社；州區信用合作社，用此為流動資本以供給各地農村信用合作社之需要。法國各州祇少必有一州區信用合作社；八十九州之中有州區信用合作社約一百，其社員為各地合作社及農夫。法國各村落均有信用合作社，其數約四千。農業相互銀行其實尚不能稱為銀行，不過為法國農業部之一司；由農業部長所監督，另有評議會以助之。

各地及州區信用合作社與政府貸款之關係，可以就次說明之。農村信用合作對於社員相知有素，其放出之款，自必確實可靠，因之可以轉向州區信用合作社借款，而為第一重保障；州區信用合作社將政府之貸款貸與農村信用合作社，因其確知本區內信用合作社之信用狀況，故為第二重之保障。夫農區信用合作社有四千餘，政府欲一一知其信用之優劣，實為不可能之事；但州區信用合作社，祇有百數，不難一一知其信用之底蘊也。故州區信用合作社代政府作農業金融之分配機關，實行莫大功用。在一九一九年之終，政府經由農業相互銀行之放款，約有一二四，一四三，〇〇〇法郎；歷年以來，絕無損失，足見其制度之善。

（六）農業勞工之組織　在法國農業勞工組織工會之時，曾遇種種困難。蓋法國與英國略異；英國在鄉村之人口中，有許多無地之勞工，故甚早之時，卽有農業勞工之組織，法國農業勞工較少多數農民可以自給，故大規模之農業勞工組織，不易發達。但一八九一年以至一九〇四年之際，在林業及葡萄業之中工潮迭起，遂有多數工會成立。撒納及馬納河（Seine-et-Marne）區域之內，在一九〇六年與一九〇七年亦曾發生工潮在一九一二年時，香檳（Champagne）地方之葡萄場工人，亦有罷工之事。歐戰以後，有幾次重要工潮發生，農業區域內頗感不安；但農業勞工之組織，仍不能如工業中心之有成功焉。

（七）農業教育之發達　法國農業部之組織，甚爲完備；其所以增進農業利益者，無微不至；其獎誘農業教育亦不遺餘力。除巴黎設有國立農藝大學（National Agronomic Institute）之外，更有專門農業學校五所。其他各地特設之研究農業學校，有一百以上。農業部長與教育部長，對於增進鄉村學校之農業訓練，常通力合作。在初級學校中，農業教科定爲必修課，因此可以圖農業之改良，而養成青年愛重鄉村生活之情感。一八七五年又規定實踐農業學校(écoles pratique d'agriculture)之制，設備實用農業教科，使貧苦之小農，租戶及工人之子女年滿十三，小學畢業即可入學。此外又有農民會社自己設立之農業學校，頗能應時勢之要求。而一九一八年更有改組法國農業教育之法令，其中有一項，即設冬季短期學校，是則步武德丹二國之後塵而已。

(八)法國農業所受歐戰之影響　受歐戰戰禍之酷烈如法國者，蓋無幾國；數十萬英畝肥美之土地，兵燹後皆成荒地；數十萬萬法郎之農業不動產，兵燹後皆化爲烏有；此外又加以動產之損失，農人若欲恢復戰前之生產額，此種動產之損失，非彌補不可也。在戰事未終止以前，雖已研究如何恢復兵災後土地之問題，然其實行則在議和之後。政府重新建設之進行，至爲神速，對於農人戰時所損失之農具，政府竭力爲金融上之接濟。據官家之報告，在歐戰時法國因兵災而變成荒地，有三三三七，〇〇〇公畝之多(約合八二五〇，〇〇〇英畝)，其中有百分之九十五在一九二五年已恢復原狀；其餘未恢復者，原來地價本不甚高。

在歐戰之時，法國農人之從軍者有五百萬人，故農業之勞働大感缺乏；肥料之供給亦大爲減少；農業因之呈退步之象。小麥之出產減少，幾及一半；其他穀類與蕃薯，均大爲減少。但議和後六年，法國依然恢復歐戰前糧食自給之狀態，猶如英國恢復戰前糧食依賴外國之狀態。歐戰時因農業勞工缺乏，不得不獎勵殖民地工人，如北非洲人等之移入。西班牙與意大利人亦至法國耕作，以博取較高之工資。戰後農業勞工仍感缺乏，一由於戰時軍人之死亡，二由於都市人口之集中。此等北非洲人，積有錢財之後，均返故里；而法國有數處之意大利人，既因其本國國家主義之復盛，不願歸化於法國，頗使法國難堪。同時北非洲殖民地內，亦感本國之耕夫太少；而意大利西班牙與土著太多，法國之文明與語言，將不能流行於殖民地。若國內農夫移入殖民過多，則外國移民之入法者，亦將愈多，於法至爲不利。法國處此進退兩難之地位，誠不知何所適從也。

法國之農業，在歐洲各國中自在發達之列。其氣候與土質各種均有；更有大部分之土地，甚爲豐腴。法國所有之地面，約有百分之四十八爲可耕之地，百分之四爲葡萄種植場，百分之十九爲森林地百分之十二爲草地，百分之十七爲不生產地（不生產地包括都市及居住區域河流山澤及完全無用之地）。德國地面之分配，大致與法相同，但其土地不及法國之肥美，人口亦較密，每方粁（square kilometer）平均約有一百二十人，法國平均每方粁有七十四人。英倫三島每方粁乃有一百四十六人，其地面之百分之六十五爲草地，可耕之地面，約有百分之十三，不生之地面，約與法國相同。法國農業之出產品，幾乎全能供給本國之需要；并有出口之農產品，可以補償進口貨之損失。大戰之後，英，德，與諸國經濟上受極大之恐慌，而法國事業之人極少，此固由於恢復戰地，需用人工較多，亦由於人口密度之低，與農業自足之狀況，可減輕社會不寧之危險。惟法國人力與兵工業，不甚充足，立於武裝之歐洲，不無危險；且人口既無剩餘，則雖有殖民地，亦難建其帝國於海外。

法國與英國農業之將來，全視其在世界所處之經濟地位爲何，如假使法國因復得阿爾塞斯洛蘭鐵礦，不虞缺乏，或將較爲工業化，則人口必將漸趨於都市。此種人口集中之現象，近已顯著；新式農業機械之引用，將影響及於法國小地產之制。若製造業發達，其影響將更烈。但就法國人口出生率之低，與守舊之澀風觀之，則最近之將來，當不致有此大變動也。

第十章　德國一八零零年以來農業之發展

（一）農奴之廢除　德國各部，氣候之寒燠各異，土地之肥瘠不同，人種與政治之衝突，時時發生，凡此於其農業之發展，有極大關係者也。農奴之廢除，經數百年之奮鬬，始告成功。在英國食邑制度下，農奴之廢除係漸進的，但繼續不斷而確定的。在德國則不然，有幾部分農奴早已廢除，有幾部分則食邑制度，絲毫無損。因地理上各處食邑制發達之狀況不一，故其衰落之狀況亦不同。在西南部，食邑制度早呈衰落之兆；十五十六世紀時勞役可以金錢折算，至十七世紀之中葉，農奴制大部分均已消滅，而食邑組織之餘迹，則至今猶可見之。西南部封建業主之地產，原爲分散；故食邑制廢弛之後，農人或因價買，或因篡奪，而得有小段土地。十七世紀時，西南部已成小地主之區；此種趨勢，在拿破崙時代更甚，因法國當時佔領德國西部地方之後，即推行拿破崙法典，而拿破崙法典固規定遺產均分之制者也。至今西南部與法國同，仍以小地產著名。在西北部，則自中古以來，土地之管業，較之南方為廣，土地並不細分。農奴制在近古以前早已廢棄，因其於地主亦不利也。廣大之土地，均出租於農夫，農夫之勞工，其數甚多；但與東部比較，則其管業尚不為大。

愛爾勃（Elbe）河以東，情形與他部不同，氣候嚴寒，外侮時臨。德國大部份地方農奴衰減之時，東方農奴仍遍地皆是。大地主為欲增加其權力起見，往往兼併小地主之土地；故東北部之大部分土地，終究均入於大地主掌握之中。三十年戰爭（一六一八年乃至四八年）之後，農奴之地位愈降落，地主更可任意向農奴婪索，不顧習慣。至十九世紀之初，東普魯士受奈破崙征服，喪師辱國，激起志士愛國之熱忱；朝野上下，知非刷新政治，發憤圖強，決不足以洗國恥。於是廢除農奴，亦為維新要政之一。名相史泰因（Stein）秉政之時，即有一八〇七年釋放農奴詔書之頒佈，宣稱在一八一〇年以前，農奴須完全釋放，而阻礙進步之階級制（caste system），與束縛經濟活動之法律，悉行廢止。貴族可以作公民之事，公民亦可以操農人之業；守產法之限制，亦悉行屏除。假如一九〇七年釋放農奴之詔書，能完全實行，則阻止普國農業發達之障礙，可以減去不少。但法律上雖已釋放，而實際上尚未能完全廢除，其故有三：第一因農人地位之退落，第二因政府之態度，第三因貴族之反對。在普國當時尚無新式與有力之經濟組織，可以代替食邑制。其在英國食邑制乃漸漸衰退，新經濟之活動，如牧羊業，乃一有利之農業，故貴族對於釋放農奴，其反對不如普國之烈。至一八一一年，首相哈登堡（Hardenberg）秉政之時，普王又下詔書，凡昔日封建地方之農人，對於其管業可以完全享有，不過貴族可以收回土地三分之一，以代其從前之權利。於是在普魯士，由政府自動，以和平手段，完成與法國大革命所得相同之結果，即階級差別與食邑封建制之廢止是也。不過在德國之西南部，貴族收回一部分土地之制，不能援用，因西南部所遺剩之農奴，其管業本已甚小，若再分出三分之一，則將不成其為農場。故佃戶不須分出土地，但須在一定年代以內，付地主以金錢，以代其從前之權利，在一定年代之後，則其地可完全為佃戶所有。此種地主與佃戶之關係之清結，各邦緩急不一，而至十九世紀之末，大致完成，至近年以來，不過有少數遺傳之欠租佃戶存在也。

（二）一八七五年以前農業之進步　在十八世紀之中，德國以農業爲主業，獨立之工商業，祇在少數之地方有之；中古時代爲商業中心之都市已煙消雲滅；德意志之各邦，均四分五散，漫無組織。英國工業革命，於經濟生活上發生極大之變化者，對於德意志無大影響。德國直至一八一六年時，約有四分之三之人口，從事於農業。在拿破崙戰爭之時，農業之生產，大受阻礙。戰爭後出產始大增，在一八二〇年之際，因農產過多，轉成恐慌。迨一八三〇年以後，工業發達，食糧之需要增加，於是農產品之物價增高，農人之地位以固。作物之輪種法，廣爲推行；改良之農具亦已利用。而德國之科學家，更利用化學於農業；農業教育亦引起一般人注意，普魯士有許多農業學校之設立。農業之課目亦列入大學科程之中；農業生產漸有應用專門智識之需要。例如甜菜糖之生產，在十九世紀之中，爲重要實業之一，需要精巧之技術，農業之專門訓練，與適宜之機械。在一八三五年以後，常有牲畜展覽會，與農業展覽會之舉行，以引起農業改良之興味。而在十九世紀之時，東普魯士爲農業發達之中心，其故由於東方多大地主，可以用大資本及昂貴之機器，與精密之簿記制，而收得經濟之效果也。

至於小農則農業之改良新法，尚未能充分利用；不過交通之進步，於彼至有利益。一八五〇之際，鐵路四通八達，小農漸稽發而擴充其事業，不復如前之僅依賴於地主焉。直至一八七五年以前，德國之農業繼續進步，農作物之面積有加無已；剩餘之農產物積儲甚多；農業品之出口，極爲重要。

(三)一八七五年以後農業之狀況　普法戰爭以後，德國之農業，大爲衰落。一八七四年至一八七五年間，糧價低落，與當時之英國相同。至於農產物所以跌價原因甚多；蓋俄國，羅馬尼亞(Roumania)印度，美國，烏拉圭(Uruguay)阿根廷(Argentina)等處，輸入穀類，肉食及其他物產運費低廉，雖有保護關稅，亦不能使農產品價值之不低落。小麥與黑麥之價值，自一八七六年至一八九八年間跌落百分之十四；大麥之價值，在同時期跌落百分之十一。

德國農業，又因工業之擴張，鄉村人口之減少，而愈趨衰落。蓋工業變化不可免之結果，爲鄉間多數人民麕集於都市，以謀得較高之工資。在一八四九年，德國成立關稅同盟之時，各邦人口之總數內，有百分之七十爲農民；在一八七一年，人口十萬以上之都市，祇有八處；但至一九一〇年，有四十八處。一八七一年至一九〇〇年，德國之農村人口（包括人口二千以下各鄉鎮之居民），實際上減去五十萬，而同時期中之城市，加多一千六百萬人。

德國農業，雖然有衰退之象，然農業團體與政府官吏，力主施行保護政策，認農業爲國家富強之主力。名將毛奇（von Moltke）曾言「德意志農業摧殘之時，則德意志帝國，不須一彈之力，即可摧殘。」德國務農者，不過居人口三分之一，而此三分之一之中，僅八分之一之人數，稍有地產。而德國國內政策，受毛奇格言之影響不少；普魯士既統治全德，而大地主又統治普魯士。一八七九年，政府採用增加收入與保護工業並重之關稅稅則時，地主團體因農產品不在其列，大爲不悅。政府終乃徇地主團體之意，而推行保護原則於食料。但輸入食料課稅之後，不會增加生活必需品之價值，於是又爲工業人民所反對。德國政治上之轇轕，與農工團體之衝突，皆由此等問題而起。農業派（Agrarians），亦稱貴族派（Junkers），爲德國極端之保守黨；彼等以自足之國家爲理想之國家，尤其注重食物之供給，雖未嘗握得政權，然其勢力之大，在其人數比例之上。但關於民食一事，德國雖有保護關稅，而自一八七五年以來，未嘗能自給。至一九一四年之際，德國政府曾估計約有六分之一至五分之一之人口，其食料乃仰給於外國。

（四）營業之大小　近世德國農業問題中，饒有興味之事實，爲小營業數目之增加。在西南部本無大營業，上已言之；至於西北部，則其營業較之西南部雖略大，然較之東北部爲小。眞正之大營業幾盡在東北。東北大地主，或貴族派之活動，小農未嘗注意之；蓋重要農產品物價之漲跌，對於小農之厲害關係，無對於大地主之深切。對於大地主勞動爲重要之問題，而對於小地主則無所謂勞動問題。因小農與其家人同力合作，以求最大之效果，並不須雇用多數之勞工也。

在一八八二年以後，國內農地面積大營業有逐漸減少之趨勢，而過小之營業，亦有減少之趨勢。一九〇七年時，威登堡（Württemberg）巴範里亞（Bavaria）之農地面積內，過二百五十英畝之營業，祇居百分之二。在麥克倫堡（Mecklenburg），情形大不相同，農地面積內，百分之六十爲二百五十英畝以上之地產。歐戰前國內農地之總面積內，約有三分之一爲十二英畝半至五十英畝之營業；十二英畝半以下之營業略過十分之一。

（五）農業合作　德國農業史中，農民合作甚居重要之位置；在一九一一年全國有合作社二萬五千，爲農業者與其有關系之生產者所組成，社員總數達四百萬。其中最有勢力者，首推雷發巽式（Raiffeisen）之信用合作社（或稱爲合作銀行），其倡始人爲雷發巽氏（Friedrich Raiffeisen）氏。在一八四六年之際，曾組織一麵包合作社，其賣價較之普通商店便宜一半；次乃組織一牲畜購買合作社，亦有顯著之成功。至一八四九年時開第一信用合作社，凡農民之遵照章程者，均可得低利之借款。而雷式信用合作社往往兼營購買售賣業務。此外更有生產合作社。各種雷式鄉村合作社之上，有省區合作銀行以聯貫之；省區合作銀行經營信用業務之外，兼營購買售賣生產等業務。省區合作銀行之上，更有中央合作銀行以聯貫之。中央合作銀行，亦兼營信用及其他業務。雷式之中央合作銀行，在納維特（Neuwied）地方；另有他式之中央合作銀行，在奧芬白克（Offenbach）在一九〇五年，二者併而爲一。雷式銀行之特徵，爲社員皆用無限責任，注重於個人之道德，而不注重認股。其重要之點，雖在供社員金融上之需要；但此外更使小農亦得到大農所有之便利，如購買儲藏，運銷，消費等合作，無不經營之。他式組織之合作，亦有非常成功者。例如休爾志德里志式(Schulze-Delitzsch)，雖起初專設立於城鎮，然近來亦推廣其活動於農業信用。有他若供給小業主之購買合作，其社員之數，增加亦頗速。合作商店則不甚發達；牛乳合作社，僅在普魯士等四五邦，略有成功耳。

普魯士有政府設立之中央合作銀行，其資本爲五千萬馬克，以放款於普魯士小農小工所組織之各種合作社爲目的。但農村合作社如欲借款，必先經其上層組織（如區合作銀行之類）。其放款之利率，普通爲三厘半，較之市場之利率，低下而且安定。

總之德國之合作銀行，可以爲世界之模範。其農村信用合作，實爲各種合作之母。其農村合作銀行之三層組織，由下而上，精密之極；此實數十年循序漸進，向上發達之結果。苟不從下層入手，雖以政府之援助，決不能有此完美之結果。德國小農經濟之改善，鄉民道德之增進，與生產力之增加，其得力於合作社者，實乃不可量爾。

(六)德國農業之將來　一八七五年以來，德國農業之困難情形，上已言之。德國之保守派，往往盛言德國農業情形之危險，以爲可以藉國家立法之保護，而改良農業之運命。殊不知一部份食物之仰給於外國，乃國家工業化後應有之事。德國能產生如許之糧食供給國內五分之四至六分之五人口的需要，已爲驚奇可喜之事。在戰前之二十五年，資本之投於農業者，增加不已，而自耕農之多，又遠過於佃戶，實能表明德國農業健全之狀態。

英國以工商業爲一切經濟活動之中心，此乃地理上分功自然之結果。現在地理上之分功，不僅限於國內，並且推及於國際；此種情形，吾人亦不必對之不滿。在土地有限之國家，若欲於工商實業居優越之地位，則農業不能同時保持其優越之地位。農業之重要產品，雖能用精耕法與科學方法而增加其出產，或擴充耕地，利用較次之土地，以增加生產，如歐戰時德國所爲，但經濟學中報酬漸減之法則 (the law of diminishing returns)，終有一日，使資本與勞力之投入土地，不能如以前之有利，無論其人口增加如何之速，食料需用如何之般也。就德國之農業情形觀之，則利用精耕法與新地，以增加其生產之機會尙多。戰前德國之農業生產，其增加雖緩，而繼續不已。且耕地之面積，亦有加無已。不過歐戰以後，照凡爾塞條約（Treaty of Versailles），德國賠款之外，更須割地。於是農業生產，大受影響，凡黑麥，小麥，大麥，燕麥，皆爲之減少。德國依賴海外糧食之程度，更較戰前爲甚。不特此也，德國牧畜之地，亦損失不少。戰後又因馬克之跌價，國際匯兌之逆勢，故無力購買海外之肥料。一九二三年之際，農人之困難，達於極點；彼等不願以作物易日趨跌價之貨幣，寧願儲藏其穀物，因之都市間之糧食，愈趨恐慌。就全體論之，德國之農業，戰後雖恢復甚速，然一九二三年之生產，猶在戰前生產額以下也。

第十一章　丹麥近世農業之發展

（一）丹麥之經濟環境　丹麥為歐洲著名小國，在北海與波羅的海之濱，南界德意志，東西北三面聚五百餘小島，分峙水中。其面積約有一六，六零四方哩，較諸吾國行省之小者，如浙江省，尚小二倍。全國海岸曲折，地勢低窪，西部全賴隄防，與荷蘭相同。人口總數約三百二十二萬。其國無煤鐵礦，故不能發達工商業。其氣候甚寒，終年雨量甚多，瘠地多而沃地少，頗不宜於農業，而反以農業著稱於世。其人口約有百分之三六·四為農民，其他則從於農產品之製造業，及運輸業，或其他附帶之事業。

（二）中古時之食邑制度　中古時代丹麥之土地制度，與英中古時相類。諸侯擁有食邑，佃農除耕種於租地外，更須每星期為地主耕作二三日，當收穫時期，耕作之日數加多。食邑之耕地，分成若干田畦，每三塊成一組，以實行三田制。即每一田地，三年中，種植冬季穀類，春季穀類，以及休閒一次；每田廣一英畝，或半英畝，散布於不相連屬之斂地。在佃農下，更有一種無地之農業勞工，專爲他人作傭工。

(三)近世初期佃農制之改良　一六六〇年之丹麥革命，廢議院而建立獨裁政府，直至一八四八年止，王權頗張，諸侯之勢漸衰。丹麥每年輸出穀糧於德國；丹政府圖農業之改良，穀糧生產之增加，遂使貴族之耕地合併於農田。一六八二年規定，凡鄉村與小農之土地，均不得荒廢不用。十八世紀以來，佃農制改良之步驟有三：第一步廢除中古時代之田制；一七〇二年，將受土地束縛之農奴制度完全廢去；一七八一年與一七八二年之法令，明白規定，廢除以上所述之三田耕種制，小農與地主遂乘機採用輪植法。照英國之經驗，中古制度廢止之後，小農中之隸民(cottar)，受大不利之影響，因彼原來耕種之地，除園地外，甚爲稀少，常將牛豕放牧於休閒地，或公牧地，以補助其生計；今田制改良，遂失去此項之權利，不得不受人僱用，或受人救濟以自給。故丹麥規定三田制廢止之後，應償隸民以土地，以補償其放牧權利之損失。第二步改良佃農之程序，爲解除佃農對於貴族田地之勞役。一七八四年至一七九〇年，北西蘭(North Zealand)之皇室地產，勞役首先可以折成地租，佃農之管業，可以遺傳於其子孫。對於皇室以外之地產，政府亦許佃農納租金於貴族，以贖其勞役。一七八六年，政府以低利之貸款，貸於貴族及佃農，並可以於二十五年期間償還之。其第三步改良佃農地位之程序，爲建立永租制度。一七九〇年至一七九二年間，頒行條例，規定小農場租出時，必具下例條件之一：(一)終小農及其妻之一生，(二)經過二代或二代以上之久，(三)有一定之時期，不得少於五十年。此項條例之實施，實能保證佃農管業之安全。

佃農得政府貸款之援助，逐漸得向貴族購得土地，加以收穫之豐，穀價之漲，遂使佃農地位日益改善。然其中亦經多少波折，例如一八〇七年至一八一四年之戰爭，一八一三年政府之破產，以及一八二〇年穀價之下落，佃農購買地產之進行，因之遲緩。而佃農對於貴族所負之勞役，究竟具何性質，佃農與貴族間頗多爭論。故政府特許委員會以仲裁其事；委員會處理仲裁之原則，爲佃農之勞役，須不比往日爲增多，或加重，致妨害其自己之工作。其後則貴族與佃農間之爭端，漸有自動解決者，蓋因地主漸明瞭非出本願之勞役，乃最不經濟之勞働也。小農之勞役既減輕，而自耕農又逐漸增多，在一八三五年有四一，七〇〇農場，爲小農之管業，另有二一，八〇〇農場爲終身佃農之管業。

（四）一八四八年以後之土地政策　丹麥鑒於英普之大地主兼併之失，故竭力保持其小農政策。一八四八年訂立新憲法，復用代議政治，政權遂握於農人之手。皇室之土地，照一八五一年法令，賤售之於農民；一八五四年，復准許有地產者能分售其小農場，而令佃農繳還百分之八至百分之十二之代價。依嚮來之慣例，貴族不能兼併佃農之管業，或增加其租役，或將佃戶之兩農場相併，故貴族寧賤售其佃戶所耕之農場，而佃農乃得因利乘便，變爲自耕農。一八四八年有政黨名農友社，主張將貴族之土地，強迫出賣；地主方面又成立地主社，主張售出土地，須由地主自願。一八六一年通過法律，使地主自願讓出其土地權，但不准買主付重大之代價，而致將來不能自給，又不許做普魯士之方法，移轉大部分之土地於地主，苟擁有大地產之地主出售九個小農場於佃戶，或其子弟，則當租約滿期時，可以合併售出土地九分之一面積之權利。此項法律沿用至一八九九年。自一八六一年至一八九〇年間前之租戶，變爲地主者甚多；大農場之畝數，亦因加入九分之一之面積而擴大。大農場之數，在二百五十英畝以上者由一六五四個農場增至一八九五年之一九五四個農場；全國小農面積之減少，約有百分之二。

丹民以農場應爲一單位，傳之子孫而無所短減，故惟一子得承受遺產，其他諸子祇受若干之津貼。照法律言田主得以遺囑決定何子可以繼承，并書明農場之價值，以及他子應得津貼之數目；爲預防繼承人之負擔過重計，其遺囑上所書之價值常較實價爲低。農場移轉於繼承人大抵在田主生前行之，由家族會議決定繼承人；除供給父母及兄或弟之食宿外，更須負擔父母之養老費，與兄或弟之教育費。若農場之繼承在田主死後，則亦由政府依同一原則解決之。

(五)十九世紀下半期之農業狀況　一八七〇年前，丹麥之重要出品，爲穀糧及畜產品，約爲三與二之比。及一八七〇年後，畜產品之輸出，漸有超過穀糧之勢。今則畜產品對於穀糧，約爲二與一之比。其原因約由於乳酪製品比較有利。而一八八〇年之際，美國廉價之小麥輸入丹麥市場，丹麥耕地本非上上，甚難與之競爭，故小麥之耕地面積，大爲減少。

近代丹麥之農業生產，極偏重於乳酪業，彼雖種植食糧，但其主要目的，在供給牲畜之飼料，增加牛乳之產量，然後再將牛乳製爲牛油。從事牛乳業者，兼事畜豬以製醃肉，故肉亦爲輸出大宗。丹人農業之生產，雖偏重於畜牧業，然對於小麥之種植，仍竭力用精耕法以圖增加收穫量。其他之農作物，又有黑麥大麥燕麥苜蓿馬鈴薯，及其他牧草。

丹麥乳酪事業之發達，得力於合作乳酪乳餅製造所，或牛油製廠者不少。其初大農場所產牛油較多，且其品質較爲優良齊一，故爲外國市場所歡迎。自一八七八年牛酪分離器發明之後五年，第一合作牛乳場成效卓著，未幾合作事業，風行全國。一八九〇年已有合作牛乳場六百所，現在則有一千二百所。其最初發起合作社之目的，不過欲使小農場出產之牛油，可以與大農場所產之牛油，並駕齊驅。其後合作社所產牛油，竟供給市場大部分之需要。一九一八年之際，丹麥有七萬農場，屬於小農所有，佔耕地全面積百分之七十。在全體小農中，百分之九十爲牛乳合作社之社員。一八八二年前，平均小農場之面積，約爲七十英畝，畜養八牛，其產量鮮有過三百八十加侖（gallons）之牛乳，或一百十磅之牛油。現在則每小農場平均畜養十一牛，其產量則增至五百五十加侖或二百磅之牛油。此其得力於合作者，實非淺鮮。夫生產合作社，經濟學家以爲各種合作社中最難成功者，而丹麥竟獲非常之效果；此所以丹麥之農業生產合作社，世界各國奉爲圭臬者也。

拿破崙戰爭以後，丹麥之農業所以能日漸發達者，全賴其農產品能銷行於國外。但自一八八〇年以後，歐洲各國勵行保護關稅，海外市場頓形減少，惟英國之市場，仍爲開放。英國之乳酪業偏重牛乳，而牛油日減少，故丹麥乃得增加牛油之輸出於英國。在一九〇九年輸至英國者占據牛油總輸出額百分之九十四。其供給牛油於倫敦市場時，爲大批之運送，有繼續的供給與齊一之品質。此非個人之力所能爲，必須由合作社經營之；一方面既可省出居間人之利益，他方面又可收大量生產之效；故丹人進行合作事業不稍懈。農民既有合作之機關，遂可卸除其商業上之責任，而專致力於農事矣。

（六）丹麥之關稅政策　丹麥之關稅政策，既不如英國之採取純粹自由貿易，亦非如德國之採取純粹保護貿易。麥丹賴農產品之輸出以立國，其全部輸出量十一分之十爲農產品。其生產牛乳及小豬也所以爲製造牛油及醃肉，以備輸出於他國；同時不得不輸入食料以供民食，輸入餵料以飼牲畜；故對於農產品除牛乳餅蛇麻等數種外，不抽取進口稅。

丹麥甜菜之種植，與牛乳之飼養，頗有聯帶關係，因甜菜之一部份，可當牲畜之芻秣也。但甜菜之種植與否，仍視其所製之糖，是否能輸出於外以爲斷。丹麥對於糖類之輸出，常用津貼金以補助之。一九〇二年，勃魯塞爾糖業會議（Brussels Sugar Convention）通過與會各國拒絕施行糖業津貼金過一定限度之國家，輸入其糖與各國之議。一九〇七年，英國卽首先取銷糖類輸入之禁令，丹麥糖業，遂因津貼金之故，而逐漸發達。其種植甜菜之面積，以及輸出糖之數量，均增加不少。

丹麥對於輸入之各項物品，除農業品外，均征收進口稅。自一九〇九年之稅則施行後，所有稅率大半減輕，如原料及半製品均減輕其稅率，但免稅品則無前此之多。至於製造品，如棉紗機器及瓷器等，仍存舊率；其手套，靴鞋，鋼軌，車輛，車頭等，則按值抽稅。此種中和之保護政策，頗使丹麥各種事業得以發達。

（七）土地之移變　丹政府最近所採取之政策，似不趨向於扶助有七十英畝左右農場之中產農民，而趨向於扶助祇有三四英畝之田主，以及無地產之傭工。蓋中產以上之農民，根深帶固，安居樂業，不勞政府之代謀。彼貧苦之農工，則非由政府提攜之不可，否則彼等將相率至北美，以圖得較高之工資，而鄉村將有衰落之虞。丹政府有鑒於此，遂製定小農場之法律以圖補救；其第一步之辦法，爲設置農業貸款，使農人易於得流動資本。一八九九年以後，政府設法使小田主得以繁榮；凡農人能遵照政府所定之規則者，由政府貸給十分之九之農場用費（包含房金及牲畜），但農場之大小及價格，均有一定之限度，而償還之條件則甚易。依照一九〇六年之法律，政府得貸款於公用公司（Public Utility Company），俾其能購置大宗地產，以建立小農場。一九一一年，因有此種特惠而產生之農場，達五千七百七十七個，其平均之面積爲九英畝；至一九二二年底止，其數增至九千九百六十個。如此產生之農場，設貸款全付清者，則借款者卽成爲田主；其地產可以賣買，但不可以細分。

(八)農業教育　十七世紀以前，丹麥教育極不發達，識字者僅居十之一二，與中國今日之狀況相去不遠。自十九世紀以來，始厲行強迫教育，增加教育費。一八五〇年之際，以對德戰爭之失敗，使農民間發生新思潮，發憤圖強。加以葛冷佛 (S. F. Grundtvig) 及克兒特 (Fristen Koeld) 之提倡教育革命，其玄理妙旨，深中人心。一八九九年後，教員之薪金，既較前增加；師資之養成，亦較前進步；其設備與課程，亦日臻完善。據一九一〇年之調查，丹麥全國共有鄉村學校三千六百六十八所，共有學齡兒童二十六萬一千五百一十八人；蓋丹麥政府，不欲使鄉村兒童之幸福，受雇主或其父兄之剝奪，在就學之年，從事田間之工作，而希望其能成爲獨立之小農，學習其生活上應有之技能。說者謂五十年來，丹麥小農能增進至現在之地位者，教育之功爲不淺。

(九)農業之純利　一九一四年乃至一九一五年，丹麥始有根據於農場簿記法之統計。據當時之報告，哥本哈根 (Copenhagen) 附近平均一百二十五英畝之農場，可得其財產總價值之純利百分之五・二二。歐戰開始，農人之利益增高，芬寧 (Fünen) 島內奧登塞（Odense）之附近，在一九一四至一九一五年，一百英畝至一百五十英畝之農場，其純利高至百分之七·六七。一九一五年至一九一六年，哥本哈根附近農場之純利益達百分之一〇·一〇。惟一九二一年至一九二二年，丹麥農產品價格銳落，農人受損非淺，其平均之純收入，祇合百分之一·二而已。茲將最近兩年百分之利益列下：

	一九二〇至二一年度	一九二一至二二年度
二十五英畝以下	7.4	0
二十五至五十英畝	8.5	0.6
五十至七十五英畝	8.4	1.8
七十五至一百二十五英畝	8.4	1.4
一百二十五至二百五十英畝	8.3	0.6
二百五十英畝以上	6.7	1.8

由上表觀之，當年豐時，由二十五至二百五十英畝之農場，均饒有利益；其在二十五英

畝以下之農場，純利略少二百五十英畝以上之農場，純利最少。大農場純利之少，其故有二：一因大農場場主加入合作社者較少，其所得合作社組織之利益，遂亦較少；二因大農場必須雇用勞工。當年歲不佳時，大農與五十至七十五英畝之農場所得利益，尚屬可觀；而二十五英畝以下之農場，則無利可獲。但純利之計算，既從總收入中減去管理及勞力等費用，則小農雖不能獲利，生活固尚能維持也。

第十二章　北美合衆國農業之發展

（一）殖民或草創時期　美國農業史，亦如政治史之分兩大時期：第一期自一六〇七年至一七七六年，爲殖民政府時期；第二期自一七七六年以至今日，爲國家發達時期。第二期更可分爲四小時期（甲）一七七六年至一八三三年，（乙）一八三三年至一八六四年，（丙）一八六四年至一八八八年，及（丁）自一八八八年以至今日。至第一時期與政治史之殖民時期同，又可稱爲草創時期。當時殖民地之從事於農業者，採取歐洲農業之舊法，利用於新環境之下，而爲適當之措施，凡各種作物，何者適宜於其土壤及氣候，皆一一試驗。不特此也，美人得益於紅印度土人者亦甚夥。按土人之農作物，最重要者有兩種：一爲煙葉，一爲玉蜀黍；其耕種方法，美人得其傳授。煙葉在一八〇一年以前，爲南方最重要之大宗出產；至棉花廣種之後，其重要始稍減。至於玉蜀黍，則至今仍居全國農作物之第一位置，其他穀物，皆不能望其項背。

（甲）殖民地之土地權　在農業經濟史上無論何國，其最重要之問題，爲土地與人民之關係。在美國殖民地時代，一切土地之所有權，法理上均屬於英皇；由英皇特許給人承種。其辦法各殖民地頗不一致，試述其重要者如下

佛奇尼亞（Virginia）土地制度　該處土地，先由英王給予倫敦公司（London Company），公司經營一二年後，因共有土地制不能獲利，乃轉給私人。私人之獲得土地，約有三法：第一爲購買倫敦公司之股票，此種股票通稱曰建業票（Bill of Adventure）；此種股票純爲私人分得公司利潤及一百英畝或二百英畝土地之證據。第二則因特種有勞績之服務，故酬以土地，例如教士醫師以及一切爲公共服務者，皆可享此權利。第三即四十年後廣行之領地權（headright），根據此種權利，無論任何股東自費運送他人往殖民地，而居留三年以上者，每運送一人，可以代其領取五十英畝之土地；其後此種權利之給與漸濫，非股東亦可繳付相當費用於殖民政府，而獲得此種特權。

土地權獲得後，非清丈不爲功，其初步即以各人所得之領地權證單，交給清丈人員，該員即爲擇定相當之荒地，習慣上所選之地，多係沿江及沿海各區，以一英里距離岸線爲度；清丈畢，乃給予領地人以單據。領地內更須建築住屋，始可獲得土地之所有權。殖民政府時期最初數年之後，即盛行土地投機，先由發起人獲得大宗土地，然後招致許多殖民居住之，待本地方發達之後，餘下之土地，乃以高價售與後來者，其所得之利潤，即由發起人分配。此種投機之情形，今日於美國西方猶及見之。

新英倫（New England）之土地制度　新英倫之土地制度，異於南方諸殖民地。凡個人苟非有特殊勞績，鮮有以土地給之者。其尋常方式，則因一羣人民之欲得一鎮市或居住地者，始給予之。個人之獲得土地，由鎮市分得，然須受鎮市之限制。考最初之鎮市，多由教會之共同團體所創立，凡爲該教會中人，均得爲該鎮市之公民。迄殖民政府時期末葉，私人或私人所組公司，始得建設鎮市，更能出售土地，以冀獲利。然無論如何，其獲得之方式，均與佛奇尼亞（Virginia）及南方諸殖民地不同。新英倫有所謂公地者（commons），即森林牧場，以及溝渠等所占之面積。鎮市之收入，有時祇能在指定之公地內牧畜，而公地之牧畜權，往往僅限於最初之居民，後來者無此權。於以發生有公地權者（commoners）及無公地權者（non-commoners）之區別。

中部殖民地之土地制度　中部情形，則各地之守產法互異。其在英領地內，如紐約等，則較近新英倫制，而不近於佛奇尼亞及南方諸地之制度，其在荷領地內赫特遜（Hudson）河流域者，則有特殊之承恩地主制（patroon system）；在此制之下，常有以五〇〇〇〇至一〇〇〇〇〇英畝地之整塊土地，給予一私人。此人即如封建時代之貴族，另外招致移民，使其租地耕種，己則如世襲之長官，管理其地。彼以地租之收入為生，并以地租辦理學校教會等公共事業。在賓西凡尼亞（Pennsylvania）及美蘭冷（Maryland）等處之土地，大抵由英皇給予大地主，更由大地主轉售與小自耕農。

（乙）勞工之供給　次於土地問題者為勞工問題。凡土地遼闊，幾可自由取得耕種者，即不致有傭工發生。蓋勞工既可以為地主，則必不願捨自耕農之地位，而安於工資之收入，有之，必其工資高於自耕之所得，同時爲地主者，必於特殊情形下，乃能出較高之工資以僱工。故在此期間，初時南北方英領之土地內，以自耕農爲多，僱工爲例外。厥後乃有二種勞工，可以襄助大部之農事工作。此二種爲何：一卽契約的傭工，一卽黑奴。契約的傭工（indenture servants），其自歐至美之路費，大抵由人代付，至美後，卽負有工作若干年，以贖路費之義務。期滿，仍屬自由，且可進而爲地主，一如常人之情形。第二種之勞工爲黑奴，南部自一六一九年以後，利用黑奴以耕種田地之事，頗爲盛行。北部亦有黑奴，但多爲小康之家所僱之僕從，而非耕種田地者也。大體言之，北部多自耕農；南部則煙葉出產之增加，乃黑奴之功也。

（丙）最初之農事試驗　前曾言之，美人旣不拘於歐洲舊法，然亦不囿於土人之遺教。彼等仍爲種種之試驗，此種之試驗，在佛奇尼亞尤廣行之。第一，因野桑之多而經營絲業；第二，因野葡萄之多而經營釀酒，以及其他半熱帶之菓品，如橄欖無花菓等，無不依時經營。但經過許多之試驗，南方之出產，仍以煙葉及玉蜀黍爲大宗。而在喬治亞（Georgia）與南加

洛里那 (South Carolina) 則靛青 (indigo) 與米亦為重要之農作物。中部則以麥為大宗，其他如玉蜀黍及歐洲之菓與菜蔬種植亦多。出口至西印度羣島之麥尤多。餘如新英倫，則無大量出口之農產，不過供當地市場之需要而已。

(丁)牲畜　在殖民政府期間之又一緊要問題，為牲畜業。一切家畜家禽，除火雞外，其初幾無不來自歐洲。豬為重要之家畜；最初佛奇尼亞之火腿及醃肉，最為著名。其初山羊較多，因山羊較綿羊能自禦狼。迨後生活較為安定，綿羊亦為重要之家畜，而山羊則不重要矣。牛能避野獸之侵害，故起初之時，飼養之者即甚多。當時馬在新大陸，全為騎乘之用，農田之耕作全用牛；至若運輸，則因當時無適宜之道路，故不用馬。

(戊)殖民時期之農村生活　殖民時期之農村生活，其遺風有流傳至今者。當時南方之農村生活，以耕植廣場奴隸制為主。在廣場之內，有地主之廣廈，有黑奴居住之處所，有穀倉與店鋪，大體為一自給之社會。因此農家所需者，鮮能得自左近之鄰居。商業上不得不與西印度羣島英格蘭以及北部，發生直接貿易。至於北部之農村生活，因農場之面積較小，往往由自耕農與其家族，任操作之事。農夫之間，互相合作，爲一互助之農村，其社會生活至爲健全。一切手工業及副產，各有相當之成績。此其大別也。

總之在此期間，墾闢草萊，剷除荊棘，爲當時最重要之問題。較精密之農業方法，尙未遑注意及之。此時所注意者，爲森林如何掃除，土地如何可以稼穡，何種作物最爲有利。但現在美國所有之重要作物，除蘆粟（sorghum）等數種新穀類之外，在殖民時期，已遍行種植，爲後日農業發展之基礎。當時農場管理之重要問題，不在節省土地，而在節省人力。因新地甚多，故殖民時期之農人，對此問題，頗有圓滿之解決也。

（二）開國後發達時期　（甲）大森林之闢除（一七七六年至一八三三年）　美國獨立戰爭之於農業史上之重要，不亞於政治史上之重要。自此以後，農業史上乃有種種改造時勢之變化。第一疆土向西拓殖，深至內部之沃壤。第二聯邦政府自此實施公共土地政策（Public-land Policy）；舉一切未被佔有之土地，悉歸之中央政府，中央政府更轉售之個人。此種政策之實施，分二種步驟：最初但圖國庫臨時收入之增加，國有土地之立卽出售，用以償還國債此爲財政收入之政策。厥後卽拋棄財政收入之政策，務使眞正之居民，可以購得土地，此爲社會政策之實施。自一七八三年至一八〇〇年間，土地之售出，均屬大宗，最小面積爲六百四十英畝；其後二十年（一八〇一年至一八二〇年）最小之售出面積，爲一百六十英畝，最低價，每畝値美金二元；再次二十年（一八二一年至一八四〇年）最低價，每畝美金一、二五元，最小面積，爲四十英畝。一八四一年，議院決議，不再將土地售與普通之公共機關，而留售與眞正居民。至一八六二年，有住宅條例（Homestead Act）之通過，與一八六四年之修正案，凡眞正之居民，自耕其地者，可以不出代價，取得國家之土地，惟不能超過一百六十英畝。而美國之私有守產制（allodial tenure），則規定於一七八七年之法令；凡個人所有土地，可以轉移，可以遺傳，死時無遺囑，其後嗣可以平分，不復如封建之情形，其土地均由國王或公爵等所給予，而報以相當之服務，或付相當之租額，對於土地，但有使用之權，無轉售或遺傳之權也。

次於公共土地政策之問題，卽爲南部棉業之興起。按自殖民政府時期以至一八〇一年，煙葉實居南部農作物之第一位置。然此時棉業已在胚胎之中，後此乃駕乎其上。考其興起之原因，由於十八世紀末葉紡織機之發明，世界市場需大宗之原料；再則一七八六年海島棉 (the long staple or sea-island cotton) 種籽之輸入，宜於移植於南加洛里那 (South Carolina)喬治亞 (Georgia) 之低地。尤有進者，一七九三年軋棉機 (saw gin) 之發明，使棉子及高地棉 (upland cotton) 易於分開，均爲促進棉業之大原因。蓋高地棉花之用於棉織業者最廣。此外則爲黑奴之功。黑奴之於南部，本不以人類相待，一切苦力多由黑奴當之。彼自由之白人勞工，不願往南部，一任黑奴居重要位置者，因道德上不願居黑奴下賤之位置，與黑奴爭一日之短長。而南部當時所用農具，多屬粗陋笨重，不及北部農具之改良較早。產棉各區，除黑奴外，尙多馬，騾，牛，豬，乾芻等之出產。騾自經華盛頓之提倡，今乃達二百萬頭云。

一七八五年與一七八七年之法令，規定西北地域開放之辦法，實爲促進居民西移之關鍵。政府之出售公地，或爲土地投機者所購，或爲居民所購；於是西遷之分子，乃極複雜，惟求住家者較佔多數。當時所開闢之土地，皆爲森林之地，西至印地安那（Indiana），故居住後第一步工作，卽爲斫伐森林。此種斫伐森林之多，世界史中實無與倫比。

一七七六至一八三三年間，農具固少改良，然改良農事之興味頗濃。農業會社風起雲湧，實開現今農業市集（agricultural fairs）之先河。而在此期間，牲畜之改良亦爲重要；如牛類及英格蘭馬種之輸入，一七七三年爨林諾種棉羊（merino sheep）之輸入，羊毛與羊種，均得無上之高價。豬爲美國之大宗出產，此在殖民政府時期已然。渥海渥河（Ohio）流域之大森林，且爲飼豬之大牧場所。其他西邊各地，亦無不有廉價之飼豬食料。玉蜀黍最適宜餧豬，故豬之產量日有增加，實非偶然。

（乙）變化時期（一八三三年至一八六四年）　自一八三三年以後，農業經濟發生極大變化；如農業機器之發明，鐵路之建築，均爲促進農業之原動力。在此期之初，本無所謂鐵道；迨一八六〇年，乃有三〇，〇〇〇哩之鐵道。交通由是便利，美國糧食可以送至世界各市場。又加以英國一八四六年後，穀令之撤廢，歐洲革命之紛擾，一八五四年克里明戰爭

(Crimean War)之影響，皆足使美國出口之穀類愈旺。加利福尼亞(California)及澳洲金鑛之發現，影響世界金融市場，使物價增高，間接促進農產之增加。一八四一年土地先買權條例(Preëmption Act)之頒行，眞正之居民，較之土地投機者，有優先購買之權。時歐洲適有饑饉，與政治之不寧；於是人民移至美國西方購買土地而居住者更多，而農業更臻繁榮矣。

各種農業機器之發明，所以使馬力可以代替人力。如一八三一年，孟寧(William Manning)氏得有刈稻機(mowing machine)之專賣權；一八三三年及一八三四年，赫賽(Obed Hussey)氏及麥科密(Cyrus McCormick)氏各獲有刈禾機(reaping machine)之專賣權。自一八四〇年以後，此種發明乃爲普遍之用具。同時打穀機(threshing machine)亦廣用於農家，竟取舊式方法而代之。至一八五〇年，打穀機與分穀機(separator)乃相連運用。一八三七年，迭亞(John Deere)氏發明鋼犂之構造，而在此時期，牛馬種大爲改良；豬之繁殖，仍有一日千里之勢。自一八六一年，芝加哥爲世界豬肉業及農業品之著名市場。至於東部，則因西方沃壤平原之發現，農業機器之發明，以及交通之發達，其農場乃成衰敗之現象，甚有放棄者。此種情形自一八四○年，始見於新英倫，蓋東部山地，祇有一部可以供牛乳業牧畜業及種菜蔬之用，不能與西部沃壤平原比。

一八五○年以前，牛油 (butter) 與牛乳餅 (cheese) 二物，在鄉鎮之農場中製造之。是年以後，牛乳業大興，而有所謂美國式之製造法出現。所謂美國式之製造法者，即與今之牛乳餅廠相似。農夫搬入牛乳，以製成牛乳餅。一八六一年時，共有二十一個牛乳餅廠之存在；於以知此業之興起，而開後期合作之組織與公司組織之牛酪廠之先河焉。

下表為一八四○年至一八六○年間重要農作物之統計，以百萬為單位：

作物	一八四○年	一八五○年	一八六○年
已改良的農地(英畝)		113.0	163.1
玉蜀黍(籮)	377.5	592.0	838.8

小　麥(羅)	84.8	100.4	173.1
燕　麥 羅)	123.0	146.5	172.6
黑　麥(羅)	18.6	14.1	21.1
蕎　麥(羅)	7.3	8.9	17.5
大　麥(羅)	4.1	5.1	15.8
番　薯(羅)	104.2	104.0	153.2
乾　芻(噸)	10.2	13.8	19.0
牛　油　磅)		313.3	459.6
牛乳餅(磅)		105.5	103.6
羊　毛(磅)	35.8	52.5	60.2
棉(四百磅之包)	1.5	2.4	5.3

煙葉(磅)	219.1	199.7	434.2
米(磅)	80.8	215.3	187.1

在前期中，曾述農業會社之情形，至本期則更有進展。一八六〇年時，幾於無一邦一州不有此種組織；而農業之市集，更無一處無之。此種每年之集會，可以互相觀摩，擇善而從；凡新發明之機器，新改良之畜種及農業種籽，皆可普遍推廣，以鼓勵社會之興趣，使農業月異而歲不同焉。

(丙)向西開拓時期(一八六四年至一八八八年)　南北戰爭，未嘗稍阻礙北部農業之發達，不過使南部棉業之出產，短時期內，大受挫折。但戰爭之後，農業之發達，一日千里，較之戰前爲尤速。在前期中，農業上已商業化，農民之收穫，不盡爲家庭自給之用，且出售於市場，以冀利潤；至此時期，因交通之便利，機器之發明，沃壤之開放，市集之興起，遂使農業發生前此未有之盛況。一八六二年與一八六四年住宅條例 (Homestead Laws) 之施行，軍隊之編遺收穫機（twine binder）之發明，製粉輪碾方法（roller process）之應用，以及橫貫大陸鐵道之完成，密西西比河流域農區鐵道之建築，西方大牧場之興起，胥與此有關。同時南部棉業亦爲相當之改變，將於後述之。

一方因住宅條例之實施，使公地有所歸宿，人民可以安居，他方因數百萬歐洲移民之突增，因遣散南北戰爭之兵士，又不得不給予相當之土地。於是三者相連，一八七○年至一八八○年，十年間，農場面積，增闢二九七○○○○方哩以上。同時軍隊戰後之騾馬，更以廉價售與農夫，農業遂以馬力代牛運轉農業機器。加以鐵道之建築，以鋼軌代鐵軌，更臻鞏固，載重力更大，路線更長，交通愈便利。一八六九年以後，冰車之利用，使肉業更臻發達。收穫機之發明，使農夫可以收穫極爲迅速，不受天氣之影響，故小麥之出產大爲增加；加以全國人口平均計，在一八六○年每人平均產額爲五·六籮，至一八八○年，乃增至九·二籮，而小麥且居世界出口貿易之第一位置云。

耕地開闢，因上述種種情形，生產日增，結果乃呈農產物供過於求之象，而種種農人運動，由此興起在一八六七年之際，擁護農業社（Grange）起為擁護農業之運動（grange movement）；按其一八七四年之計劃，切望消滅居間人減少利息與利潤減少鐵路運費，促進農工教育以及提倡合作事業，此社無政治目的，現在較為衰落。其次有一八七六年乃至八四年之綠裏紙幣運動（greenback movement）；此運動為農工及債務人所組織之綠裏紙幣黨（Greenback Party）所發起，彼等不願綠裏紙幣之兌現，因兌現則彼等將以十足之現金還償，而不能以跌價之綠裏紙幣還債。此外更有他種運動發生；總之一八七〇年至一九〇〇年之間，美國乃發生一種反常之狀態。蓋以常理論之，工商界中每多急進派，及極端主張，而農業界則多保守與隱健份子。今也不然，種種極端之主張，皆發生於農業界，則因農產品供過於求，而農人不能獲利也。

自泰克沙司（Texas）入美版圖後，美人卽取其牛業而興盛之。同時北部大平原之發現，雖當嚴寒，亦不患缺乏牛之飼料。且北部平原之牧場，其飼料尤富於滋養料，較之泰克沙司牧場之牛，易於生長，其所出之肉亦較良。因之泰克沙司之牛，漸行移至北部，更因交通之便利，自一八六六年至一八八四年止，遷移之數，估計之，約有五百萬頭云。而自一八八〇年以後，牛油業乃駕牛乳餅業而上之，產額大爲增加。

南北戰爭之結果，爲南部棉業改觀之唯一要素，蓋解放黑奴以後，南部業主大受損失，以後僱用黑人，須付工資，不如前此之爲獲利。情勢所趨，南部地主乃分租其地於諸黑人，黑人可以分得作物之一部，地主供給黑人以種子用具牲畜等等，則黑人雖爲佃戶，其實又一變像之僱工也。在此新制度之下，棉花出產，最因以增加；一八七九年之際，已過於一八六〇年之產額，而僱工式之佃農，其後亦有逐漸變爲眞正佃農，而脫離羈軛者。

（丁）改組時期（自一八八八年至今日）　自一八八八年以後，農業上發生極大改革。農事試驗場條例（Experiment Station Act）在前一年通過，自此以後，實用科學之原理，遂廣用於農業。農事試驗場之設，雖不始於此期，然經此條例之後，組織愈普遍，工作愈有團結一氣之精神。在一八八八年以前，總數不過二十處，但在一八八八年中，新加二十六處。尤有進者，昔日之情形爲公地多；本期之狀況爲公地較少。凡剩餘之公田，其大部分皆須經過灌溉，而後可以從事耕作，因之而農產物價，漸趨漲勢。美國舊有居民之各部，地價亦趨漲勢，因人口漸增，農產品之需要大增，而天然適用之公地則漸減少，不能如以前向西開闢，可以予取予求也。現在祇有將已經開闢之土地用精耕及科學方法，增加每英畝產額，以應需要之增加。農業不能復用以前粗陋之方法，因此農事試驗場之重要，愈見增加，蓋農事試驗場，乃灌輸農事科學智識之學府也。在此五十年前，農事試驗場不能如此發達，因當時地廣人稀，西方新闢之地方多，不必用科學方法，即用廣耕法反可獲利。蓋地價廉，工價貴，廣耕法較爲適宜；對於土地雖耗損，對於勞工可以減省，仍合經濟之原則。惟地價昂貴，機械發明，可以代替勞工，則寧用精耕法。而土地昂貴之後，灌溉與洩水亦爲目前之二大問題；有人估計在美國有濕地甚多，苟用洩水之法，使變爲耕地，則可以供一千萬以上人口之食料而有餘。

精耕法盛行之後，遂使牧場減少，牧畜業稍稍衰退。惟人口增加，所需牛肉量增加，但其結果未能使飼牛之增加，亦不過提高肉價而已。小麥亦如牛畜所受之影響，雖不十分衰落，然祇能保持原有情形，或極緩之增進。蓋此二種產物，最適宜於廣闊之土地；今地少而用精耕法，則此二種作物自然減退。而較適宜於用精耕法之農作物，如玉蜀黍，棉，菓品，與菜蔬，其產額自將增加。但小麥之出產，將來亦不致銳減。因小麥除製麥粉之外，其麥柴亦有用處。其他如牛羊，因其主要產品與副產品均有用處；故其出產亦不致銳減。

美國在南北戰爭以後，農產品已行保護稅率；但除羊毛稅實具保護性質外，其他若小麥，燕麥，玉蜀黍，牛肉，豬肉，火腿，醃肉，豬油，乳酪等，雖有保護稅率，亦有名無實。例如小麥一宗，美國當時祇有輸出而無輸入。迨一八九〇年，麥荊來 (McKinley) 稅率更極端保護農產物；小麥每羅征稅美金二角至二角半，玉蜀黍每羅征一角至一角半，其他若雞蛋及玉蜀黍，皆稅以高率，而大麥之稅尤高，每羅征稅一角至三角。大麥之所以特高，乃因抵制加拿大之產品。一八九一年稅率雖酌減，然爲時甚暫。一八九七年之丁來條例 (Dingley Act) 仍採極端保護政策；至一九〇九年之稅則，除酌增燕麥之進口稅外，其他一仍舊貫。

除關稅問題外，農產品之運輸問題，頗爲重要。美國農人常怨訴運費之過高，與車輛之缺乏。故在一九二二年正月，農產品之運費，減少百分之十；估計全年，農人因此節省一百二十兆金元，其困稍蘇。

二十世紀以前，美國地廣而工昂，舉凡公地之領用，地價之低廉，無不足以鼓勵無地者從事儲蓄，購買土地，以躋於自耕農之列。然二十世紀以來，新地告罄，地價日漲，精耕法大爲盛行，有土者不肯輕於出售，無土者亦無力購買，於是乃有佃農階級之發生。按諸統計，在一八八〇年，佃戶所耕農場之數，居農場總數百分之十三，而至一九二〇年，其數乃增至百分之二十六。

歐戰以來，農業信用之狀況亦大加改良。以前普通農人往往向高利貸之商人賒買貨物，或借款，收穫時，以農作物或金錢還償，利息奇苛。非如都市之工商業家，或大農，可以向都市之金融機關借款。現在情形改變，農業之技術改良，其進益既豐富而又穩定，又能採用合作之方式，以取得信用，并要求政府之扶助。一九一四年之聯邦準備銀行制度，規定準備銀行可將會員銀行所貼現之短期農業票據，重行貼現；如是則農人短期貼現，不患無挹注之地。一九一六年之聯邦農地貸款制度（Federal Farm Loan System），規定以低利作農地長期貸款之用；因之農民可以償還以前之高利抵押借款；幷可以略購土地，或設備農具。一九二三年之中期農業信用制度（Intermediate Rural Credits），使農民可以得六月至三年之借款，以作購買牲畜或儲藏糧食以待善價之用。故農人所得金融之便利，蓋不亞於商人矣。

美國之農業教育，亦極完善。四十八邦中，每邦有一農科大學，從事於精密之研究，與推廣之工作。鄉村學校之兒童，又必須修農業科目。凡欲從事農業，或升入農科大學者，可入三年畢業或四年畢業之職業中學校。此項職業中學校，受邦政府及聯邦政府之補助；學生於此可得農業之專門智識，及工廠工作，機械工作，以及家畜之鑑別，土壤之組織等等；而女子則可學習飼養家禽乳牛之原理及實用，以及烹飪，家事簿記等。自一九一四年有斯密立佛二氏條例（Smith-Lever Act）之通過，聯邦政府與邦政府對於農業及家事之推廣，補助鉅金，幷採用大規模宣傳之方法。在一九二二年，聯邦政府邦政府與地方政府之補助金，及農業機關之捐助金，其總數達二千三百七十萬金元，皆用於推廣事業。

美國農人之生活甚爲優裕，在一九一三年，美國農人之平均收入爲冒險勤勞及管理之報酬者爲四四四金元，一九一九年爲一四四六金元，一九二〇年爲四六五金元。但美國戰後，物價高漲，雖貨幣收入增加，而物質幸福，未能相應以增加也。美國農人每英畝之收入，以各地情形之不同，農業方法之精粗，以及費用之多寡而異。美國農場之面積，以南北達科塔（Dakotas）二邦爲最大，平均面積在二百英畝以上；其他有四邦平均面積在一百英畝以上；其在中西部諸邦，則農場之面積，有四十英畝者，有八十英畝者，亦有一百六十英畝者。在四十英畝之農場，其收入僅僅足維持生活；在八十英畝之農場，其房屋均可敷用，如有餘款，多置備新式農具；在一百六十英畝之農場，以其半作耕種者，則除置備新式農具外，並可置乳酪分離器，洗衣器以及無線電受話器，以爲娛樂及營業之用。美國農民之離農場也，不在農業衰敗之時，而在興盛之時；雖價格低落，不但不減少生產，且增加其生產焉。故一九二九年通過農業救濟案，政府以鉅款穩定農業，其主要用途，卽借給農人，令能將農作物儲藏，以待有利時出賣。此種方法，可以使美國農人，及其他生產成本較低之國家之農人利益，立於均等地位也。

第十三章　俄國十九世紀以來農業經濟狀況

(一)十九世紀時俄國農奴之解放　十九世紀之初，俄國社會之組織，猶極簡單。國中有貴族與農民兩大階級，至於中產階級，則絕無僅有。一八一五年時，貴族之數有十四萬戶；除少數之僧侶商賈銀行家及其他職業者外，多屬農奴。耕地什九屬於皇帝親王及貴族，地產既廣，遂以農奴任耕種之事，每星期須工作三日。地主又以剩餘之土地出租與農民，而征取地租。故當時大多數之農民，均爲農奴，住居於名爲「密邇」(mirs)之小村內，受地主之剝削，而不克自拔，其困苦較之一七八九年之法國爲更甚。此等經濟制度之弱點，已爲有識者所承認。故俄皇亞歷山大第一(一八〇七年至一八二五年)先將波羅的海三省之農民解放。其後克里明之戰(Crimean War)(一八五四年至一八五六年)，俄國爲英、法、土諸國所敗。尼古拉士第一(Nicholas I)知在舊制度之下，武力與經濟，均不能與西歐諸國抗衡，遂於一八六一年三月，毅然頒佈解放附屬於貴族地產之二千三百萬農奴之詔許，使陳腐殘酷之舊制，一掃而空。又以徒解放農奴而不給與土地，則仍不能改善農民之狀況，乃將土地之一部，由貴族保留，而其餘則售諸農民。若農民無力購買，則由政府貸與款項，農民分四十九年分期攤還，名爲贖償年金 (redemption annuities)。當時之地主，仍得政府之庇護，故所得之地價頗不惡。照此法而分配之土地，爲一一一，六二八，五〇六俄畝 (dessiatines)，分配於八四五〇七八二農戶，故平均每農戶可得十三俄畝強。其分配之土地，實合全國農民面積二分之一。除西部個人所有權發達之地方以外，其他地方係根據農地公有與房屋園圃私有之原則。凡地方所有權屬於「密邇」，「密邇」之組織，乃由村內居民各選代表一人，以村長主持一切事務。「密邇」按時集會，重行分派公共土地於各家家長。各個人對於所分之土地，祇享有用益權 (usufruct) 而不得出售或抵押。「密邇」承襲昔時地主所有之警察權，及其他公家職務，不但對於欠政府之贖債年金須負責，並且對於一切租稅和軍費之征收，亦須負責。爲行政之便利起見，幾個密邇合爲一縣 (volost)，有民選縣長議會及法庭。

（二）農民解放之結果及晚近農業法制　依一九〇五年農地之統計，照一八七七年法律分配所得之土地，達一三八，七六七，五八七俄畝。其分地之戶數，達一二，三九七，九〇五戶，平均每戶所得之土地，降至一一·一俄畝。不特農民之管業減小，其解放後之農民經濟狀況，反呈退步。蓋在解放以前，本地之生產，可以自給；農民雖受虐待，然其衣食住之供應，燃料燈燭之所費，均由地主供給，幷可在地主之草地牧畜，在地主之森林採樵；有急難時，地主可以資助，生計雖艱，然尚不虞匱乏。今在新制度之下，各項事務，非用金錢購買不可。各「密邇」既負歸還國庫貸款之責，對於村民之行動，乃不能不嚴加限制，因恐其遷地避債，故橫征暴斂，無異以國家之壓迫，代從前地主之壓迫。前為地主之農奴者，今則為國家之農奴矣。加以丁口蕃殖，耕種方法之拙劣，生產之低落，一九〇五年，在歐俄無地之農民，達二百二十萬戶。假定每戶有五人者，則無地農民之數，將達一千一百萬人矣。土地之缺乏，與年遞增，小農之缺望，亦與之俱長；故「土地與自由」，殆為一般小農之口號。

一九〇五年，俄國大敗於日本軍行在外，國內空虛，革命空氣，佈於全國，工人罷工，商人罷市，農人輟耕。俄皇尼古拉斯第二遂頒發立憲諭旨，一名十月宣言，許人民言論自由，及組織國會。十一月又發出通令，聲明自一九〇七年一月一日以後，不再征收「密邇」所借政府貸款之尾數。一九〇六年國會開幕時，憲政民主黨 (Constitutional Democrats) 主張沒收大地主之財產，以增廣小農場之面積，而供給無地農民以土地。政府對於此種極端主張，甚爲驚異。遂依斯托立賓 (Stolypin) 之主張，在一九〇六年十一月，俄皇頒諭旨二道，其要點在廢除「密邇」制，鼓勵個人私有財產。旋經下議院及上議院分疏補充之後，成爲一九一〇年之「增訂修正農地守產規則」及一九一一年之「土地處理法」。此二法規之主要目的，爲振興小地產與自耕農，幷使土地可以自由買賣。凡自一八六一年土地分配以後，而未再行分配之區，所有耕種土地之人，俱認爲田主。其他各區凡占有土地者，皆有權要求將其地改爲自有之財產。按之實際，俄國自經此次立法以後，始有西歐任何階級皆可爲地主之觀念。自一八六一年至一九一〇年之間，俄國全國「密邇」自治區將本區土地分給村民作私產者，不到自治區全數之半，大多數之自治區均採土地共有制度。故共產制度，或集產主義，在俄國歷史早已有此，不自戰後始。此種制度，不容個人自動，不容個人企業，減少勞働之生產力；又使耕種者不肯改良其土地。惟私有土地制度，始能鼓勵農業，至於繁榮之境也。

(三)歐戰前農業之狀況　俄國之農業狀況，甚為複雜，氣候與土質各地互異；其經濟組織，又自爲風氣。其全境可以分為南壤 (southern soils) 北壤 (northern soils)；而以希妥米爾 (Zhitomir) 起經基耶福 (Kiev) 嘉善 (Kazan) 至烏佛 (Ufa) 之路線為界。在極北之荒原，磽确不毛，完全不適用於農業。大致在緯線六十度以南之土地，始宜耕種；在此一帶地方面積約六十萬方哩；黑麥，燕麥，大麥，小麥，苧麻，荷蘭薯出產甚富，尤以沿波羅的海各省爲甚。更向南則有大黑壤區；其西部之基耶福，波多里亞 (Podolia) 喀爾柯福 (Kharkov) 三省之農業，農產較富，其主要作物為小麥，此外有黑麥，蕎麥，玉蜀黍，其他穀類及葡萄。黑壤區之東部，直至沃爾葛河 (The Volga)，冬令苦寒，而且雨量太少，既不能行輪種之法，又不能改良土質，故該地一帶農人常患飢饉。就俄國全部而論，種植黑麥最多，爲農民之重要食料。輸出品中，農產品占一半；輸入品中，農具占三分之二。主要之輸出品，爲小麥，大麥，燕麥，黑麥，雞蛋，苧麻，白麻，木料，及甜菜糖。

俄國人民，有四分之三從事於農業，但耕種方法，甚爲幼稚。多數農民，貧困已極，無力購買改良種籽，或農業機器。更因一八八〇年以來厲行保護關稅，對於鐵器之進口，課稅特高，使農業機器愈難輸入。農人又不能用肥料或休息地力，惟富裕之地主，始能用機器補助人工。至十九世紀之終，農業機器始稍稍利用，然農民之貧苦曾不稍減。在戰前，俄國每人每年平均消費糧食三八一兛，美國爲一一〇八兛，德國爲四九七兛。而美國消費肉，雞蛋，菓子甚多，俄國則消費穀類，番薯及素食爲多。俄國有某專家估計，在戰前有三分之二之人口，如欲使其生活非十分困苦，必須另覓補助生活之副業。在一九一三年，每人之農產消費量，祇值二十一金元，其生活程度之低，可想而知。

(四)革命後經濟政策之變遷　歐戰既興，農業改革之計劃爲之停頓。臨時政府將前俄皇室所有約四百萬俄畝之土地，收爲國有，並依據土地政策大綱，任命土地委員，但猶未能滿足農民之欲望。而列寧（Lenin）一派之共產黨，對於農民問題，加以銳敏之注意，以土地分配於農民之論調，博得農民之好感。故一九一七年十月之革命，經濟上雖毫無成就，政治上之成功，却爲前此所未有。共產黨經濟政策之基礎，爲集產主義（collectivism），其與國家社會主義所以不同者，乃因其集中資本於無產階級的國家之手，而非集中於資產階級的國家之手。其土地之政策，與一般經濟政策同，皆遵集產主義而行。第一步由無產階級之國家，收沒資產階級之土地，廢除土地之私有制度，而移其所有權於國家。第二步廢止土地之農民的或小規模的經濟組織，而改爲集產的大規模經濟組織。

一九一八年二月，蘇俄公佈社會主義整頓土地之法律：（一）廢除私有土地，（二）劃一人民土地財產，（三）廢除僱工制度。至一九一九年，土地之爲農民所自耕而不僱用勞力者，占百分之九十六。又凡私人所有之家畜農具，全向非勞働者方面收歸地方公有而管理之，以供農民之使用。但農民自行耕種，而所得之收穫品，除自用外，悉爲政府所征取，以分配於公家。農具和種籽之買賣，由政府所獨占。農產物之國內外交易，由政府支配。土地使用權，不得轉讓於人。農民辛勤之所得，除自給外，既不能有所積蓄，須公諸社會。於是相率媮惰。因之田園荒蕪，穀物減少；適遭凶年，餓莩載道。列寧之徒，知共產主義之不可通，農民激烈反抗之不可侮，不能不公佈緩和土地共有主義之法令如下：對於農民各自的收穫，除征收單一現物稅外，所餘者均歸農民自有，許其自由處分（一九二二年三月之命令）（二）凡蘇俄之公民，不論其為男為女，屬於何國，苟願以自己之勞力而耕種土地者，可永久享有土地使用權。土地之買賣轉讓，贈與，或抵押，雖仍禁止如前，但在特種條件之下，許其出租土地。農民因利己而僱用勞働者，仍當禁止；但不得已而在農忙時，則許工人助其工作（一九二二年十月）此外更廢止政府之農具專賣權，許其免稅輸入。

自共產政府施政以來，中產農民，益臻膨脹。土地分配之結果，徒使大地主所有之財產，大半入於農民之手。貧農委員之武斷的共產主義，與都會之共產主義，均為此等中農所不滿。彼等為擁護其自身利益起見，歷次暴動；雖以政府之威權，不能遏止農民之消極的與積極的抵制。故勞農政府不得不變更方策。中產農民既係財產之所有者，同時又為勞働者及管理人，非如地主之恃地租為生，亦不如工人之依賴工資為生。其所生產之結果，自己處分之，自己享受之，彼既非無產階級，亦非資產階級，誠如列寧言：「無產階級，贊成社會主義者；資產階級，反對社會主義者，此兩種階級之態度，截然明瞭；但中農階級，乃不能照此簡單之階級分析之，而自成為一種獨立之階級也。」中農階級既認識其本身在社會之地位，則共產政府不得不謀妥協之方。若徒主階級戰爭，則俄國之前途，將無絲毫之樂觀可言也。

（五）新經濟政策實施後之農業狀況　新經濟政策，力改從前武斷式共產主義之弊；其立法之用意，確較軍事式之共產主義為稍愈。然仍不能收良善之效果，則因共產主義之意味，尚未澈底澄清也。近年來全國農業之衰退，已呈嚴重形勢。穀物對外輸出，逐年減少。歐戰後俄國農產物對外輸出，每年至少達於七八百萬噸，而於一九二六年十月起至一九二七年九月底止，一年之間，僅能輸出二百五十萬噸。又於一九二七年十月起，至一九二八年九月底止，一年之間，更為低減；其輸出總額，僅達五十萬噸。全國糧食缺少，山窮水盡，不得不由美國方面購入麥粉。又就一九二七年十月至一九二八年八月底止之貿易統計考察之，其農業衰落之趨勢，顯而易見：統計如下，輸出為六八〇，〇〇〇，〇〇〇盧布，輸入為八五四，〇〇〇，〇〇〇盧布，輸入超過，約為一七四，〇〇〇，〇〇〇盧布。

目下蘇俄最感困難者，厥為重農政策與重工政策之不易解決。當列寧生存之時，蘇俄各領袖間，關於此問題，即聚訟紛紜，莫衷一是；至今遂成為各種問題中最嚴重之問題。蓋蘇俄因其主義關係，以國家之力量操縱國民經濟，由國家經營大部分之工業，而農產物之買賣，亦須經過國家之手。一方由農村徵集農產物，以供給都市勞工；一方由都市徵集工業品，以供給農村；此為其交換制度之基本理想。但其結果則需要與供給間之關係，不相應合。農產品之價值，格外低落；工業生產品則因原料缺乏，不能盡量生產，其價格遂激增。工農兩方價格相差太遠，一般農民大抱不平，相率而趨於隱匿農產品之一途，農產品之供給，遂大感缺乏。政府見此危機，苦無補救善法，乃不得已而屢發公債，強迫農民購買；據最近統計，公債總額，已達十五萬萬盧布以上。一般農民，迫於政府權力，出售其農產，以與公債交換，受累非常。不平之聲日高，竟相率怠於農業，除耕種僅足扶養家族之農產物外，不復從事於穀物生產，而競趨於工業原料之生產。於是穀物產量大減，世界大農業國，竟呈穀荒之現象。此乃偏重工業主義所生之結果。關於此問題，蘇俄要人間斯丹林（Stalin）一派主張重工政策，賴柯夫（Rykov）一派主張重農政策。據斯丹林之意，如採重農政策，則富農階級必應運而興，自成新資產階級，而共產主義之理想，將完全不能達到。

第十四章　日本維新以來之農業發展

（一）日本農業經濟之環境　以耕地面積與人口比較，日本可稱爲人口最稠密之國家；平均每一平方粁（square kilometer），日本約有一千人，而英國與荷蘭祇有二百十人，比利士亦不過四百人。以人口增殖率論，日本亦冠於他國，據大正十年之調査，每千人中其生殖率約爲一二·四，較之德、英、法均多。考三島面積爲一四二，〇〇〇方哩，其人民爲五六，〇〇〇，〇〇〇人。以五百五十萬之農戶耕種九千萬畝之土地，一戶所種，僅得十七畝餘；而每一畝五分地，需維持一人之食量。北海道素稱荒索之區，每戶平均所耕之面積，亦不過四十五畝耳。苟非有臺灣及朝鮮等地糧食之供給，則日本人民早患食糧之恐慌矣。現在食糧之狀況，雖能供求相應，但以人口繁殖之速，將來食糧之狀況，日政府引爲深憂。日本農林次長小山氏，就國內糧食供求之狀況推算，至三十年後，必有糧食告絕，全國盡成餓殍之一日。

故主張擴充耕地及改良生產之政策；但土地受報酬漸減律之支配，恐尚不能完全解決此糧食問題也。

（二）維新後土地所有權之改變　日本在中古時代，封建制度甚爲發達，諸侯各有其食邑，以其土地租與佃戶。及一八七二年，廢止封建制度，嚮之佃戶，今則變爲地主，擁有土地，而樹立土地私有制之基礎。當時政府卽實行淸丈，將各農場之面積，細爲丈量，並給田主以地契，使疆界正而賦稅均。其地價係比例於純收入之多寡而估計之；所謂純收入，卽自生產物之總値中，減去生產之費用，以及征稅額後所剩餘之收入是也。其國稅率規定爲三釐，地方稅率規定爲一釐；以後凡有買賣轉讓事項，均須向官廳註册。

照日本民法之規定，長時期之租地，得自二十年至五十年。但普通租約之期限，大抵爲十年或二十年。又有租約不載年限者，佃戶苟能按年還租，地主無取於另易他人；晚近以來，日本工業發達，人民多舍鄕村而就都市，地主亦不易尋得可靠之佃戶也。

（三）農場土地之整理及開墾　自一九〇〇年以來，日本政府提倡耕地合併，其目的在欲用洩水方法，以減少田畔間不生產之面積，且消除田塲狹小及細分之弊。故農民間實行耕地之併合者，例可得國家減稅或貸款之優待，政府並訓練專家以指導之。其稻田整理之面積，約有十二萬町（每町約合十六華畝一四）；山田整理之面積，約有十七萬五千町。整理之後，據官府所計算，其收穫量可增加百分之十五。一九二二年底，耕地整理之面積，遂六十一萬町；內含森林地耕種地，以及道路池沼等，共費用二萬萬日元。其他政府對於人民之開墾荒地改良種植，亦鼓勵之不遺餘力；直接則濟以補助金，間接則設特別貸款機關，貸以低利之資金，更益以各府縣之獎勵，故農民墾荒之事業，甚爲發達。

（四）日本農業金融機關之發達　日本自維新以來，各種農業金融機關次第成立，頗臻完備。屬於不動產銀行之性質者，則有勸業銀行，拓殖銀行，及農工銀行等等。屬於合作銀行之性質者，則有信用合作社等等。勸業銀行，祇有總行一所，於一八九六年設於東京，爲中央不動產銀行之性質；其營業區域及於全國，放款之較鉅。北海道拓殖銀行亦祇一所，設於北海道；其營業區域除北海道外，且擴充至樺太島之日本領土內。至於農工銀行，則各府縣均有一所，全國共計四十六所。此外復有臺灣銀行，供給臺灣農業金融之需要；朝鮮銀行，及東方拓殖公司，供給朝鮮農業金融之需要。而勸業農工與北海道三銀行，其性質相彷；對於農民均接收土地爲抵押而貸以長期低利（七八釐）之貸款；皆可發行債票。凡屬大地主可以土地爲抵押，而直接向勸業銀行借貸；其在各地之小地主，亦得以土地爲抵押，而向各該地之農工銀行借貸之。農工銀行如資金缺乏，不敷借貸時，可向勸業銀行借用。此外勸業銀行可以包銷農工銀行之債票，農工銀行亦得爲勸業銀行之代理店；故二者之間，如手臂相助，頗有密切之關係。勸業銀行除抵押放款以外，尙有無抵押放款辦法；如地方政府公共團體，合作社，耕地整理會，漁業，森林會等，可以不用抵押品而向銀行借貸。農工銀行對於十二人以上組織之合作社，可豁免抵押，而貸以款項。政府由郵政儲金向農村所吸收之資金，其所付年息祇五釐乃至五釐五毫，此項低利之資金，可以借給於農工銀行，而後轉借於農民，因此農民可以間接獲其利益矣。

至於合作社，則全國有一萬五千以上之數；大多數設於農村，而其中信用合作社之數，達一萬三千，其於農村之金融上，實負有莫大之使命。合作社之資金，綜計全國，達七萬萬元，其額實不爲少。惟僅恃信用合作社，其資金之融通，尙有缺點。蓋農民之貯金大抵在秋收之期，而借金都在春忙之候。故一地之農民，其貯金之時，相率貯金，而借金之時，同時借貸；信用合作社之資金有時充足，有時缺乏，恆起過與不足之現象。此種現象於金融之流上，至爲不利。欲補救此弊，乃組織信用合作協社，及合作社中央金庫以調節之。信用合作協社者，由信用合作社組織而成；各社於資金過多之時，得貯存於協社，資金不足之際，得向協社借貸，如是而信用合作社資金之過與不足，得以調劑也。信用合作協社，更得借用政府之低利資金以爲調劑。此外尙有合作社中央金庫者，內有資金三千萬元，其一半取之於政府，一半取之於信用組合；此種資金亦所以爲調劑信用合作社運用資金之過與不足也。

此外日本之農業金融中，予農民以莫大之利益者，厥惟農業倉庫。近時日本之合作社，都有農業倉庫之設；其建設倉庫之際，政府予以補助金。倉庫之內，貯藏稻麥繭等農產品。農家於借貸之時，可將自家之所產農產品，貯入倉庫，作爲抵押，而後向信用合作社借貸之；如斯則農家之生產物可不受商人之壟斷，而靜待善價以沽也。倉庫業未發達之前，農民所生產之繭，以無乾繭器，故收繭之後，不問價格之如何，勢不能不即時售諸商人，故其取價低廉，農民受商人之剝削者，至爲酷烈。洎農業倉庫創設以來，以倉庫備有烘繭裝置，農民可將所收之繭烘乾而貯藏之，即以所儲之乾繭爲抵押，而借用資金。其乾繭則靜待善價而出售之。日本之農民，因農業倉庫之創設，而得金融流通之利者，有如是也。

農家之購入肥料，亦由合作社共同購之，因之質良而價廉，獲益非淺。故昔時之農民，肥料價昂，而米價低廉，今日之農民，則肥料價廉，而米價高貴；即所費者少而所收者大也。

(五)教育及推廣事業　日本農業教育之最高機關，爲農科大學，及農林專門學校，農業專門學校。其著者，有東京帝國大學農科，京都大學農科等，專以研究學術，培養行政人才爲目的者也。其下有甲種農校若干所，則專爲造就技術人才計。其推廣事務，則委之於農會；農會有技師技士，直接與農民接觸，負指導獎勵之責。在東三省有南滿鐵道株式會社，特設農務課，以主持農林事業之推廣。東三省有許多農事試驗場，農事試作場，苗圃，蠶業試驗場，穀類畜種場，牲畜育種場，地質調查所，及農業學校，均爲該社所設施。其開發滿蒙之野心，灼然可見，我國民其知所警惕矣。

（十八）日本現今之農民經濟狀況　日本五百五十萬農戶中，百分之三十爲自耕農，百分之四十爲自耕農兼佃戶，其餘百分之三十爲佃戶。十五年來，大地主兼併地產頗多，土地有集中之趨勢；將來之自耕農，漸降爲佃戶。土地權之分配，失其平均。日本主要之農產品，爲米與絲繭；其他大麥，小麥，雜糧，及根菜類之作物次之。米繭收成之豐歉，與農民生計有莫大關係。惟米與絲之能獲利與否，不能預操左券。蓋種稻之地，如土質不肥，則需用肥料較多，而每一農戶平均所耕，僅得十七畝餘，僅恃米之收成，不敷贍養，非種他項作物以增加收入不可。但一歲數收，雖可用科學的輪種法，然不得不重用肥料以恢復地力。據一九二三之統計，各種肥料之消費，計值二八八，〇〇〇，〇〇〇日元。通常農民所用肥料之價值，等於所產米之價值之五分之一；農業之成本既貴，非得善價，不能獲利。至於絲業之盛衰，視美國之市場以爲轉移，絲價漲落頗巨，而跌價時，種桑之地不易改植他種作物；故絲業非得善價，亦不易獲利。據一九一五年專家之估計，農家之平均收入約爲二百三十八日元，其生產力既如是之薄弱，則其生計當然不能寬裕。日本農戶之收穫，平均須繳納半數於地主以作租金，再減去種籽肥料等費用，所餘不及百分之三十；以每農戶須贍養五口計，何以堪此。故十年以來，日本佃戶爲繳租問題，與地主常發生衝突，且組織團體，以與地主對抗。而新近發生之社會民主黨，則更有改革地制，以及完成佃農法之政綱。

第十五章　中國農業經濟之當前問題

農業經濟研究農業與社會各方面之關係；其最注意之問題，在以農業之繁榮，爲組成國家之重要事項。是故農業經濟史，即記載歷代農業與當時社會各方面之關係，及其盛衰之原因。予既述歷代農業經濟之盈虛消長，上下數千年，縱橫億萬里，起自神農，亘羅馬中古，逮於今茲，凡中、英、法、德、丹、美、俄、日諸國，靡不窮源竟委，論其要旨。然而察往知來，懲前毖後；研究歷史之功用，在將來，不在已往。觀英、法、德、丹、美、日之良法美意，則吾人宜知所取；觀俄國種種試驗之失敗，則我人宜引爲殷鑒。今請討論中國之農業經濟問題：

（一）中國農業經濟衰敗之原因　夫以我國數千載農業歷史之悠久，土地之肥沃，農民之勤儉質樸，宜乎農業之繁榮，生產力之富足，遠駕於歐、美、日本，而事竟有大謬不然者，最近外洋糧食之進口者，反逐年增加，此實由於以下各種原因有以讓成之：

（甲）政治的：

（子）兵匪之騷擾　政府無能力維持法律與秩序，坐視兵匪之騷擾，而不能平治。例如兩湖、兩廣，共禍之慘，殺戮流亡，以數百萬計。山東、河北，因受兵匪之禍，人口之減，亦以百萬計。山東有數十鄉村，毫無人烟。即在江蘇，夙爲中國最平安之省，近亦土匪遍野，綁人勒贖，鄉民日夜不寧，多有避至城鎮者，長此不已，未有亡國之悲，將先有亡鄉之痛。

（丑）賦稅之加增　政府收入以田賦爲大宗。十年以來，中央與各省，支出倍增；賦稅負擔之重，獨歸著於地主及農夫，蓋田地無可隱匿，雖重而不能逃避。就江蘇論，田賦附稅之重，過於正稅；江蘇如此，他省可知。其他如預徵錢糧之省分，又不在少數也。

（寅）內亂之頻仍　辛亥改革以來，十有八年，無年無內戰。被兵之區，骨肉流離，田畝荒蕪；農產在場，不能收穫；農夫遂降爲災民，或盜賊。

（乙）社會的：

（子）鄉村道德之衰退　我國鄉村，風俗夙稱敦厚，道德夙稱高尚；無如近年來風氣日趨委靡，鄉民經濟稍充裕時，卽從事烟酒博賭有時盡耗其全年之收入，此種習慣不除，雖減租之令頒下，鄉民仍不能利用特惠於生產之途也。

（丑）公衆衛生之不良　農村之衛生狀況，極爲不良；一遇瘟疫，除用草頭方及仙方救治外，無他道。故我國農村之生殖率雖高，而死亡率亦高。

（寅）迷信神道之陋習　普通農民，多迷信神道，故寺觀林立，頂禮膜拜，以求福利，初無所謂宗教觀念也。此種迷信神權，有時誤事實甚；例如蝗蝻過境，不敢捕捉，恐觸神怒，其愚亦可憫矣。

（卯）鄉村教育之錮塞　吾國都市城鎮間，小學尚多，而鄉村間幾致全無小學，有時並私塾而無之。蓋生活程度日高，塾師之薪金，少於都市間人力車夫之工資，維持個人之生活已難，而農人方而救死且不遑，更何有於送子弟入學。故我國自興學以來，近三四十年，而農民之不識字者，依然居十之八九。

（辰）農民運動之不健全　一種階級，對於自己全體之利益，有深切之認識，爲有秩序之組織，以進行其擁護團體利益之目的，是謂「運動」(movement)，故所謂勞工運動合作運動等等，皆以自主之精神為要。今也不然，國人誤解運動之意義，以為農民運動也者，運動農民與地主對峙。於是於農民經濟狀況不甚瞭解之第三者，出而任農運之事，農民完全為被動。共黨因之，煽惑農民；抗租之事，四處疊起；哀此愚民，卒陷法網。如此結果，與提倡農運之本旨，不將大相刺謬乎？

(丙)經濟的：

(子)農場之面積太狹小　中國遺產制度，注重平均分配（照最近立法，不分男女均得承襲遺產，遂與法國之遺產法完全相同。）此種習慣法，有平均地權之實效，深可欣幸。惟因此而農場面積過小，農人生產之效率，不免過低。照民國八年農商統計表所載：

十畝以下之農戶　占全體農戶百分之三十六。

十畝以上二十九畝以下之農戶　占全體農戶百分之二十七。

三十畝以上三十九畝以下之農戶　占全體農戶百分之二十。

五十畝以上九十九畝以下之農戶　占全體農戶百分之十一。

百畝以上者　占全體農戶百分之六。

此其農場之小，遠過於各國。法國素以小農著稱，其農場亦無如此之小。法國雖於利用減省人力之新式農業機器，在中國則更難利用新式農具，或爲有利益之經營。加以農地面積，不相聯絡，分散各地，往來耕種，耗費時間，一似英國中古之條地制度也。

（丑）荒地之棄置　吾國二十二行省及特區內所有荒地，據農商部第八次統計報告，有八七三五七三八〇〇畝。此項荒地，非絕對不能耕種者，不過因交通阻礙，排水灌溉之不便，遂致人口過剩，雖有地而不能墾。既墾闢之土地，缺乏資本，不能用科學的精耕法，祇能用血汗以精耕（參觀第二章。）

（寅）佃農制之缺點　我國佃農之地位，雖較羅馬時代之奴隸爲愈，然與中古時代之農奴，已相去不遠。蓋我國佃農法律上雖爲自由民，不附著於田地，一同出賣，且亦不必爲地主供役。然經濟上則有時較中古時代之農奴爲苦；試以吳縣一帶而論，在前淸時，佃戶如欠田租，地主可將其解送至追租局，拘繫鞭笞，惟所欲為。佃戶雖衣具盡而質田器，田器盡而賣黃犢，物用皆盡而鬻子女，亦必如其欲而後已。如是追比而終不能如其欲，則田主之狡黠者，更逮及佃農之伯叔兄弟，稍有生計而柔懦者，責之代償，此種情形，罄筆難書。

自國民革命軍抵定中原，政府力圖解放農民，將昔日之苛例，一掃而空；但佃農制仍未改良。試觀農業極健全之國家，若德，法，若丹麥，若美國，佃農皆居極少數，而就中國論，則南部中部，佃農仍多。試觀下表，可見一斑：

中國業農者之分配表　民國八年

北部	地主	佃戶	地主兼佃戶
直隸	72.9	13.2	13.9
河南	56.3	26.0	17.6
山東	70.0	13.1	16.8

山西	70.5	15.6	13.9
陝西	57.7	22.8	19.3
甘肅	64.3	17.5	18.1
中部			
安徽	46.2	34.5	19.2
江蘇	45.8	31.6	22.5
浙江	46.2	34.5	19.2
湖南	19.9	69.9	10.1
湖北	42.5	36.2	20.9
江西	42.1	30.5	27.2
南部			

福建	34.1	34.2	31.6
廣東	33.5	37.3	29.1
東三省			
奉天	40.6	29.7	29.6
黑龍江	55.7	25.3	18.7
吉林	46.8	30.6	22.6

由上觀之，中部各省，其佃戶之數，如湖南竟高至百分之六九・九；南部各省，如廣東竟高至百分之三七・三。佃農如此之多，乃發生種種社會上及經濟上之病態。例如（一）佃農收入過低，因之生活程度低減，智識缺乏，教育之興趣不濃厚，不能造成健全之農村社會。（二）地主與佃戶形成對峙之階級，判若鴻溝；試觀湖南與廣東佃農之數最多，而受共黨殺人放火之禍亦最烈，未始非地產權組織之不健全，致啓物腐虫生之漸。（三）佃農

缺乏政治上之興味，漠視政府所施行之政策。(四)佃農輕棄本鄉，無愛護桑梓之情。(五)其田地既非自有，故不願爲永久之改良，因此耗竭土地之肥質，亦所不顧，農場之平均收入，逐漸減少。(六)暫租之地，屢易佃戶，故輪種方法，以及其他科學方法，不能實行。

(卯)農業金融之枯竭　我國農業金融，祇有質當一業，倘可周轉農人一時之急；但限於器物衣服，其利息亦在二三分以上，未能解除民困也。全國鄉村，凡屬交通不便之區，農民爲金融所苦；每於春耕秋穫之際，購種僱工，在在需款，勢不能不出於借貸一途。而土豪劣紳，則乘人之危，重利盤剝，有所謂大加一印子錢等名目，其利率皆在五六分以上。農民胼手胝足，終歲勤勞，出其汗血所餘之糧食，不足以償其最高之利息，憔悴呻吟，至可憫也。即無水旱蟲災，而負此高利債務，日積月累，所有自耕田地，未幾盡爲豪強所兼併矣，保守且不能，遑論改良進步哉？此農業衰落之一大原因也。

(辰)農業機械之粗陋　吾國農人自早至暮，所種者不過數畝，其效率之小可知。效率之所以小者，乃由於不善用機械之故。夫農業機械，對於生產及工作之影響有數種：第一增加生產量，第二減少成本，第三間接改良生產品之品質，第四直接減少農民，第五婦人可從事新工作，第六增加工資，第七增加智力，第八減少工作時間，第九增進農人之福利。美國普用農業機械，故得收以上種種良果。而我國所用之農具，則非特不能以馬力代人力，且亦粗陋之極。普通所用之犂，既笨且重，價約三元，並常數家共備共用；普通所用之鐮，價約三角，與美國刈禾機之效率，不可同日語矣。

(巳)農民缺乏組織　我國農民，竟如一盤散沙，除迎神賽會外，平時無組織集會；近雖有農民協會之組織，然農民被動者居多，且未能效丹、法、德數國之注重農業金融，或改良生產方法，或經營共同之購買與運銷，故農業之衰退如故。

(午)農民不能應用科學方法　我國農民對於耕種培植所用之方法，固亦有暗合乎科學之原理者，然大抵由經驗得來，知其然而不知其所以然，故多數農業難題，仍未能有完滿之解決。農民一遇菌類或害蟲發生於田禾，多面面相覷，束手無策，而生物之傳種學與優生物等，似乎全未能引其注意；故其對生物之配對與作物種子之選擇等類，皆聽其自然，不加深究。此亦農業經濟不振之一因也。

（未）交通之阻塞　美國向西拓殖之成功，得力於一八六四年後橫貫大陸之鐵道之完成者不少。我國則中部南部之各省，與西北邊陲，毫無鐵道聯絡。以致西北則地曠人稀，雖沃野千里，大可供牧畜或耕種之用，亦坐使地有餘利而不知取；東南則人衆地寡，因交通不便，情願株守內地，不輕遠出，人有餘力而不知盡。鐵路不築，農業安得有發展之望哉？

（申）水旱之災　我國水旱之災，爲饑饉之一大原因。例如民國六年之直隸水災，民國十三年之水災，北方各省，以及浙江、江西、湖南、安徽，均莫不被其害。又如民國十七年至十八年之甘肅、河南、陝西之旱災，人民之死亡，動以萬計，財產之損失，動以百萬計，而首當其衝者，厥惟農民。水旱之原因，由於水利不講，復缺乏森林，以致水多時無森林可以吸收水分，且庇護土壤之流失，水少時無森林可以調和溼氣，因之不能下雨。農民一遇水旱之災，則雖有義賑之救濟，亦無以善其後。況近年以來，外人因中國常有天災，以爲救不勝救，已漠然視之。

（二）我國農業之特殊狀況　我國幅員遼闊，土質肥瘠不同，氣候寒燠各異，固不能爲概括之評論。然就大體言，在中國本部，牧地極少。牛乳牛油及乳餅之產品，幾乎絕迹，與西國較，亦足見人民營養之不足，與文化之低下。最重要之牲畜家禽爲豬，牛，羊，與雞，鴨。其糧食之出產，以米爲最多，小麥大豆次之。中部南部皆食米而不食麥；豬肉之消費遠過於牛肉。故營養不足，中部及南方人民軀幹之矮小，此或爲其一種原因。就農業生產之技術言，中國已經過順天稼穡時期，而生豆科輪植時期。夫以中國人口蕃殖之速，苟不用豆科輪植之精耕法，則土地之肥質耗竭久矣。中國農夫工作之勤與久，實爲世界所無。假使氣候適宜，彼等每年可得二熟或三熟；彼等又利用運河及溝渠，以爲灌溉及排水之用，而利用人糞以肥田，又爲各國所不及，估計之，中國每年約有二千六百萬萬磅左右，用以肥田。至於用豆科全本以爲綠肥者，由來已久；中部產米諸省中，凡次夏將植稻之田中，多有於冬季預植紫雲英或苜蓿類（俗名紅花草）者，至次春耕埋作爲綠肥，是亦暗合乎科學耕作法者也。惟一遇水旱等災，則人民束手無策，饑饉立即隨之。自一八七七年乃至七八年，一八八七年乃至八九年，一九二〇年乃至二一年，一九二八年乃至二九年，中國因饑饉而死者不可勝數。災區之內，賣妻鬻子，慘不忍聞；並有全家覓死以免長時期飢死之苦者。

（三）中國政治改良之步驟　上既述中國農業經濟衰敗之政治的原因與社會的原因，故為農人利益計，不能不希望我國政治與社會有澈底之改造。如政治與社會在水平線以下，則農業經濟之本身決不能有發展之希望。夫事有本末，政有緩急；今農民日日在土匪盜賊包圍之中，使其安居樂業且不能，更尙有何幸福之可謀。故第一步宜使中國此後永無內戰。宜提倡文治。蓋多一次內戰，即多製造無數難民，無數土匪也。第二剿匪務必嚴厲；鄉村之治安宜視為民政中最要之事。然匪類之造成，大抵為飢寒所迫，苟不能救濟游民之失業，則將舉國皆匪，而剿不勝剿矣。然而救濟失業，政府無廣廈千萬，不能將人人食之衣之也。故第三步在獎勵工商實業與築鐵路，舉辦大規模之公利事業，使都市與鄉村間之游民，可以藉工資而維持其生活，不致擾亂社會之秩序。至此而鄉村之農民或者可以安居樂業，然而民國以來，農民經十數年之內亂，元氣大傷，非減輕田賦，不能改善其境遇，故第四步在節省行政經費，裁併駢枝機關，以達減輕田賦之目的。

（四）鄉村社會改良之步驟　農民智識不充足，一切鄉村建設事業無從說起，一切訓政時期之計劃無由實現。故第一步宜謀鄉村教育之普及。蓋鄉村教育一普及，則農民自知破除迷信，講求衛生，以及擁護其本身之正當權利。現在都市化與政客化之教育，祇能養成多數分利之智識階級，與官僚政客，不能使生利之農民受絲毫之利益也。第二步宜設法以仳彭及其他有益之娛樂，代替煙酒博賭等不良之娛樂。

（五）農業經濟各方面應有之改良　農業經濟本身應改良之事，千端萬緒，茲述其犖犖大者，討論如下：第一宜師美國一八六四年至一八八八年向西開拓之精神（見第十二章）建築鐵路，開墾我國西北及邊陲，既可使人口與農地分配平均，又安插裁兵，輯綏流亡。（乙）同時宜獎勵實業，使都市之工資逐漸可以提高，鄉民至都市謀生者較多，同時又加以移殖運動，則中部南部各省之鄉村，自不致人口過密；農場面積，可以擴大，新式機械科學方法，均可利用；每農人之平均收入，可以增加。(丙)政府宜獎勵各縣以公款公產設立農工銀行；或以二五減租，不繳還於租戶，而以之設立農工銀行。如各縣農工銀行日臻發達，乃可以低利之款，貸於佃戶，使佃戶逐漸購地。自耕農遂漸加多，則 總理「耕者有其田」之遺訓，不難實現；田地之永久改良，與科學輪種方法，均可實施；社會之安寧與秩序，可以維持；共黨之煽惑，將無所施其技。(丁)宜廣植森林，以減少水旱之天災，以供給國內之木材，以利用農民之勞力與荒山之土地。同時宜興水利，以利灌溉。(戊)宜注重生產，提倡合作社之組織；凡包含階級戰鬬意味之結社，皆應竭力避免。農事試驗場宜儘量推廣，以有充分農業智識與能任勞苦之專家當之；幷宜與農民竭力聯絡。凡農業合作之利益，種苗之選擇，耕作之改良，蟲害畜疫之防除，新式農具之利用，以及栽桑育蠶，種茶養雞，畜牧等之經濟新法，宜隨時指導灌輸，以收改良推廣之實效。而如美、法兩國農民自身所組織之會社，專以研究改良生產方法為目的者，尤宜竭力仿行。

(六)中國宜以農工立國　我國一班學者，或主張我國宜以工業立國，或主張宜以農業立國，斷斷爭辯，其實皆書生之見。世界純粹以工業立國者，首推英國，英國地理上有煤鐵之利，在工業革命後，人口突增，國內之農產品，無論如何用精耕之方法，不足養此蕃殖之人口。即使全力重農，必至犧牲極大之工商利益，是乃反乎國際分工之原則，而爲至不經濟者。故英國之以工業立國者勢也，英之爲而爲者也。世界純粹以農業立國者，首推丹麥，丹麥因地理之關係，其國無煤鐵鑛，不能興工商業，故彼之以農業立國者，亦勢也，雖欲罷而不能也。今我國煤鐵之富，甲於全球，以此興工，何工不盛；沃野千里，地寶湧現，以此興農，何農不當。此乃天造地設之農工國家，彼拘拘於農業或工業立國者，不亦淺乎？且工業發達之後，則大都市經濟可以發達，而大都市經濟發達之後，農業將愈加商業化，其生產之原料，愈佔重要之位置（見第六章）。夫法、美兩國之農工均衡發達，實可減少社會革命之危險，是資我國之觀摩者也。

（七）生產爲民生之本　美國經濟名家嘉惠爾 (T. N. Carver) 以社會羣衆生存競爭之方法分爲四種：第一種爲破壞的 (destructive)，第二種爲欺騙的 (deceptive)，

第三種爲誘說的 (persuasive)，第四種爲生產的 (productive)。試以此分類，說明我國社會各種人民生存競爭之方法：

一、破壞的
- 共匪
- 綁匪
- 紳匪
- 盜匪
- 會匪
- 軍閥及其兵士

二、欺騙的
- 賭棍
- 竊賊
- 私販軍火者
- 私販鴉片者

- 貪官污吏
- 土豪劣紳
- 三姑六婆

三、誘說的

- 政客
- 拆白黨
- 倡妓
- 善登廣告者
- 星相賣卜者
- 乞丐
- 僧侶

- 農
- 工

四、生產的
- 商
- 專門職業者（如醫師律師教員優伶等）
- 文武官吏及軍人
- 爲公共服務者（如教士及慈善機關之服務者等）

第一種破壞的方法，如共黨之殺人放火軍閥之爭奪地盤，皆用暴力奪取，與禽獸之殘殺無異，此爲生存競爭中之最下者。第二種用欺騙之方法，以巧取利益，例如貪官汚吏之舞弊。第三種以舌辯取勝，例如政客之取悅於有勢力者，倡妓之取媚於達官巨商等等。而據嘉惡爾氏之意見，則以爲此種方法，最難消滅，雖在共產政府之下，仍不免有恃舌辯諂媚以獵取權位者。第四種爲生產的，全恃本人之勞心勞力，以生產經濟貨物，或專爲社會服不可少之勞役者也。以我國社會之統計觀之，用第一，第二，第三種之生存競爭方法，以取得生活者，日漸加多，用第四種生產的方法者漸少，其中尤以農民之流徙失所者爲最多；除少數城市外，盜賊，遊民遍地皆是；長此不已，國亡無日。我願舉國一致，大覺大悟，急起直追，從事於生產運動。亡羊補牢，及今未晚；請揭標語以結吾書：

農業爲基本！

我們要擁護勞苦功高的農民！！

我們要打倒社會上不生產的分子！！！

要使耕者有其田！

要使生產者個個有資產！！

我們要打倒一知半解的馬克思主義！！！

忠實同志都應到鄉間去工作！

祇有生產可以救中國！！

附錄

參考書目

大中華農業史　靖江張援編

中國農業之經濟觀　凌道揚著

農業政策　馬君武譯

糧食問題　于鑽著

租覈　陶煦著

A History of Agriculture, by N. S. B. Gras.

An Introduction to Economic History, by N. S. B. Gras.

Principles of Rural Economics, by T. N. Carver.

An Economic History of Europe to the End of the Middle Ages, by M. M. Knight.

Economic History of Europe in Modern Times, by Knight, Barnes and Flügel.

Economic Development of Modern Europe, by F. A. Ogg.

An Economic History of English Agriculture, by J. H. Clapham.

The Economic Development of France and Germany, by J. H. Clapham.

Germany, by Sir William Ashley.

Denmark, by Sir William Ashley.

The Economic History of China with Special Reference to Agriculture, by M. P. H. Lee.

敬啟

『專題史』叢書，乃民國時期出版的著名學者、專家在某一專題領域的學術成果。所收圖書絶大部分著作權已進入公有領域，但仍有極少圖書著作權還在保護期内，需按相關要求支付著作權人或繼承人報酬。因未能全部聯系到相關著作權人，請見到此説明者及時與河南人民出版社聯系。

聯系人 楊光
聯系電話 0371-65788063
2016年3月28日